蒋婷：

祝人生静美

[illegible]

2017.8.22

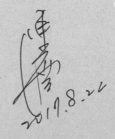

我們都是千瘡百孔的戀人

＋

陳雪

代序

我們都是千瘡百孔的戀人

愛上一些人、離開一些人、傷害一些人、被一些人傷害，一年、一個月、幾天、幾秒鐘，終將逝去的，與永不消失的，這些，那些，種種愛情，雕刻了我們的臉，鑿穿我們的心，使之成為現在的樣子。

年輕時覺得自己是破損的，第一場戀愛就跌得滿身是傷，可是年輕啊，每一次死亡都能重生，或者說每一次接近死亡，都能死裡逃生，我在第二次戀愛時非常悲傷地想到「第一次已經結束了」，此後所有愛情是否都會變成第一次的疊影，「我只愛你」將會變成起手勢，「唯一」與「永遠」只能成為發語詞。

但什麼也沒阻止你去愛。

即便自己根本還沒有愛人的能力。

想要愛人、渴望被愛，是自動反應，像陽光空氣水那麼自然，那麼必然，甚至太多了，二十歲到三十多歲之間的時間裡，腦袋裡像填塞了「愛情」這塊吸過水的巨大海綿，如此擁擠，使得其他思想都被排除在邊角。

慌慌亂亂過了好長的時間，那些被愛情凹折過的時間，漫長久遠得幾乎算不出輪廓，堆疊著失聲痛哭的凌晨、發狂爭吵的深夜、愛意纏綣的黃昏、情人必須離開的時刻與咬著牙自己才有能力轉身走掉的剎那，生命像迷航的船，順水漂流，遇上誰就愛誰，忙著追尋，忙著逃離，忙著忘卻，忙著刻印，關於愛情的種種變貌，那時你還認不得，有很多幻影都是自己內心的投射，很多傷害來自往事的回擊，老是想要靜下來整理一下自己，但水過船不停，又飄向了下一站。

我們正在戀愛嗎？我真正愛過了嗎？被認真愛過了嗎？如此多名之為愛的事物為何大多數時刻都令人困惑，又充滿懊悔？如此多帶著愛情外裝的關係，為什麼無法使人快樂？沒能令自己更自信一些？一如心中寫滿長長的戀人名單，可你知道這些戀人關係終將結束。你終究沒有能力令自己留在他們／她們身旁，或者使他們留在你身邊。

一切到底出了什麼差錯？

終於你已經走到窮山惡水，無路可去，再逃就只能跳下深淵，只得轉過身來，只能將已踏過又蓋滿雜草的路重新探勘，設法開出新的道路。

所以你從頭學起。

第一個字跳進眼裡，「不安」，第二個字「傷害」，第三個字「分離」，「脆弱」、「爭吵」、「改變」、「糾纏」、「依賴」、「告白」許多細碎的字詞，像飄下的落雨，大大小小、或輕或重，紛紛落入你眼際，就是這些字，標誌了你的往事歷歷，你站定在字詞雨中，接受它們的撞擊，彷彿這是最後一次機會，你非常愛惜。

穿過故事之海，將整個生命翻閱數次，切切實實為自己找到生路，來到淡然的中年，如今的你想對年輕的你說，試著原諒自己，停止自責，無論過去多麼不堪，無論自己犯下任何錯誤，無論，有沒有第二次的機會，你其實可以原諒自己的，有時，我們需要的，也就是打心裡對自己的諒解，接受，寬容，這一切不是為了沉淪，而正是為了有機會正視自己，因為我們是唯一那一個可以原諒自己，且可以有機會讓自己不再犯錯的人。

若有一天，你終於梳開那些密密麻麻纏亂不清的記憶，你能看見那些被穿鑿而出破損的傷口，那使你變得千瘡百孔的所有事物，都不再只是黑暗與痛苦，就像許多字停於紙面成為詩篇，這些瘡孔透進光線，使你的生命燦亮。

然後你能夠自信而不心虛地說，我願意去愛，我可以愛了。

CONTENTS

我還記得最初的心願，至今也沒有改變，我只是想要與他在一起，無論發生什麼事都一起面對，就像過去一樣，戀人們難以想像其實愛情可以承受這麼大的起伏變化，經歷命運最殘酷的摧折，還依然相愛如昔，那就像從火裡淘出金來，因為是真的，不怕火煉。

我確實見過那樣的，金色的盟誓，在如風的夜晚，在耳邊種下，一輩子深信不疑。

脆弱

從前我最怕吵架，為了避免衝突，我會隱忍、討好、刻意回避情人間已經發生的問題，轉而退縮到自己的世界，把這些可能的衝突，變成消磨愛情、對關係幻滅的藉口。真的爆發爭吵時，我把聲音都埋進心裡，一點一點地對對方失望，嘴上卻都不說，好像即使愛情推向盡頭，也不及我的自尊重要。

我總習慣在戀愛開始時，將對方的一切都想像成「美好」的，幾乎像是在「角色扮演」一樣，還不懂得如何愛人，如何與人相處的我，扮演著想像中「情人」的角色，兩人意見不同，或對某件事有不同的決定，最後我會主動退讓，心想著，我沒關係。

現在回想起來，那些隱忍、自以為的體諒、為了避免衝突的轉移，是我自己缺乏勇氣，我既缺乏勇敢表達意見的勇氣，也缺乏敢於面對衝突、並設法尋求溝通與解決之道的勇氣，甚至，最後在關係逐漸破裂時，我也沒有勇氣把自己心中所感受的說明，只是尋求另一段戀情做為出口，心想著「我就是這麼糟」。

那時，自信太低自尊太強，無法與他人相處，卻又害怕孤獨，「戀愛」成了我的救命丸，我總是在戀愛，即使許多時刻，我還不知道如何去愛，我只是投身進入另一段迷霧。

愛情發生問題了，我只想逃。

一個人為何與另一個人的相愛，是最神祕的事，這份神祕使墜入情網的戀人欣喜若狂，使得我們無暇思及兩人真實相處時可能會遭遇的種種碰撞，我們甚至根本對對方還一無所知，或者知道的也不過就是在極短的時間裡所見所聞，從自己的心鏡裡所見的倒影。

衝突、爭執、意見不合，代表著這兩個人從愛的幻覺裡，真正進入真實的狀態了，你們的價值觀、生活習慣、對感情的看法，對未來的期待，甚至，看待彼此「目前與將來的關係」可能都有極大的差距。

爭吵不是愛情的殺手，而是對愛的提醒，愛情並不只是風花雪月，浪漫即可，當爭執出現，我們會見識到自己與所愛的人「另一種面貌」，有時甚至是可怕的，你沒想過他發起脾氣會是那麼凶，你也沒想到自己生氣起來，會變得如此刻薄，在某一瞬間你對愛情感到失望，「如果真的愛我，為何這樣指責我？」「或許是我不愛你了，不然，剛才為何有一瞬間，我甚至感到討厭你？」

我想，愛與喜歡最大的不同，就是，愛一個人時，你也可能對他產生負面的感受，某些部分的他你覺得並不總是「可愛」的，甚至，他的某些作為，你也覺得有待商榷，愛情一開始是建立在彼此的喜愛之上，然而進入關係後，這份喜愛會開始加入其他元素，我們必須跨過某些「不喜歡」的時刻，進入理解，而不是急忙著把這份「不喜歡」的感受立即劃為「不愛了」、「你不是我理想的對象」，除非涉及個人至為重大的價值，覺得只要觸犯就不可能為伴，否則，我想戀人們之間的差異，正好就是我們認識世界的窗口，我們透過對一個人具體的認識，理解，因親密相處得到的機會，方方面面地去認識一個人，感受他的美好、矛盾、軟弱、錯亂，以及尚未完全成熟的部分，也像鏡子一樣看到自己的這些，在一個愛的關係裡，戀人願意透過這些「負面」深刻觸摸對方的靈魂，探入對方不欲人知的脆弱，並設法透過理解而得知，相愛有時就是陪伴著彼此度過這些時刻。

與阿早相處的時光裡，我學習安靜下來看見自己，有許多時刻我都感到害怕，起初對於懷有如此複雜難解的過往的我，自己也無法全然理解，有很多時刻的衝突，是因為我太害怕被他看見我的軟弱與脆弱，有時我只是想要

「贏」，我不想他看到我的問題，太長的時間裡我對愛情錯誤的理解，我不知道原來有人即使知道、看見了你的脆弱，發現你慣性逃避，知道你會為了保護自己說出傷人的話，他知道你種種「缺點」，會糾正、指出那些，但這並不意味著「不愛你」，我們花費了許多個日夜，曾經大聲地爭吵、辯論、甚至失控地互罵，那些我以往非逃走不可，覺得「太不堪」了的情況，在那些我們一人一個房間，氣憤得不想見到對方的深夜，我以為這份愛已經沒救了，過去的經驗告訴我，「我們不適合」。

然而，後來我學會，立刻放下倔強，我會在無論如何失控的情緒中，靜下心來，主動去找他，去拉拉他的手（即使他氣得不想理我），我輕聲地對他說話（就算他不回答），即使我知道他還在氣頭上，我覺得我得把這話說出來，我還是要表達我依然愛他，才能安心去睡覺。

那些看似不甜蜜、不可愛的對話，起因都不是為了傷害，而是為了表達、理解，即使在那樣的惡聲裡，我也聽得出其中的善意。

阿早與我和好的方式是緩慢的，第二天我們鮮少交談，但他還是會做早餐，上班時，會傳一個「晚上吃什麼」之類生活性訊息，但我知道，這是他的方式，再給他一點時間，就會回到常態。我們知道，這些都是情緒，只是爭吵，不傷害愛情，我們會回到好的狀態裡。給自己與對方時間。

每一次的爭吵，都讓我發現自己的問題，與身上尚未痊癒的傷害，每一次的和好，都讓我看見愛情的堅韌並不是在那些甜蜜的時刻，而是你們如何度過難關。

「我看見你的脆弱，我不喜歡你某些習慣，你這樣那樣可能是錯誤的。」戀人為我們指出這些，並不是要讓我們傷心、難堪，這些都包含在愛之中，重要的是，發現了之後，如何繼續去愛，如何好好地愛。

我感受到自己慢慢變強，是在可以徹底看見自己的軟弱、自私、脆弱、恐懼之後，我設法不再去遮掩，不再害怕看見戀人眼中我自己的倒影，我願意靜下心來好好與他討論這些，我知道我還需要很多時間才有能力處理，但我們不放棄。

有那麼一天，你本以為所謂真正的自己是不可能為人真正所愛的，可是有那麼一天，你相信了這份愛，不僅僅是因為被好好地愛過，而且是因為你也開始去愛了。愛上不完美的對方，與不完美的自己。

一見鍾情

年輕時代，我只相信一見鍾情，我以為其他種類的戀情都是經過妥協的結果，可能過於功利。或許因此，我談過許多起初美好，最後近乎悲劇的戀愛。因為不知道愛情到底是什麼，盲目摸索，感覺應該更像「疫情」，是以災難程度大小來感受強度的，有一種說法是「失去之後才知道愛得多深」，但我深以為卻是「在一起之後才知道分開比較好」。

氣質、長相、身材、打扮或者某種難以描述的「整體氛圍」，就是這樣打中你的心了，你覺得再也無法忍受見不到他，你盼望因為與他靠近，他所有美善、魅力就都屬於你，你想像與這樣的人共度晨昏，進一步說話、親密，甚至，一起生活，白頭偕老。奇怪啊不管幾歲，即使是少年少女，在一見鍾情時，也都會產生「此生非你不可」的貿然念頭，而這些更教人確定愛的神祕，愛的不可解釋，以及愛的「模糊形狀」。

面對「那個人」，我們總是太急切了，深怕一旦錯過就此永遠錯過，或者也不知道怕什麼，那種不能自制、為某人神魂顛倒，那近乎飛蛾撲火的種種行為，都讓你感到愛意充滿，行動力滿分，愛情就這樣來了，你沒多問，多想，能在一起就好。

無論多麼強烈的一見鍾情，進入愛情之後，就是二見，三見，常見，你看見他，他看見你，你們關係日益頻繁，深入，你驚訝於「這是我當初愛上的人嗎？」或者「他為什麼越來越美好，讓我越陷越深？」我就曾經在某段戀情裡，幾乎第一個星期就想要分手，簡直大夢初醒。我後悔於為什麼不認識深一點再交往，但我們已經寫了好多好多信了啊，我好像也已經知道他的這些那些過往，這個那個疾病，他為我描述過之前的瘋狂、悲傷、痛苦，然而，交往前那些只是「故事」，交往後，那些曾經瘋狂的舉措，變成了我的「生活現實」，我只想逃。

確實，觀察再久，有許多事不在戀愛的時候是無法發現的，不只是那些「日常生活細節」或「人格特質」，而是在面對與人「親密」、「冷淡」，面臨「選擇」、「失望」、「挫折」時的反應，我們會對最親密的人毫無保留地展現，甚至，我們會對他進行「感情勒索」，甚至召喚、引發自己內心也不知悉的「黑暗」與「狂暴」。

一見鍾情的危險在於，使人輕易地構想一種隱惡揚善的「愛情」，將戀人的優點放大到極限，以至於交往時失落更深，造成紛爭，或陷入自己也無法解脫的困境，甚至把生命都困住了。雖然這些過程是學習愛、學習理解人、學習面對人生並非如想像中般一帆風順的體驗，但初試愛情滋味的人，或者始終帶著少女心戀愛的人，往往因此承受超過預期的傷害，甚至失去勇氣無法再進入愛情。

我們可以做的，並不是關掉一見鍾情的機制（如果有這種裝置的話），而是，從這使我們一見鍾情的對象（有時是一種類型，你總是愛上某種類型的人，談著劇情相似，結局相同的戀愛，而只悲嘆自己命運不佳，遇人不淑），反過來認識自己，辨明自己心中的恐懼、失落、遺憾與追求，在與這個看似「命定的對象」互動的過程裡，嘗試修補自己，進而可以不需要透過特定的符碼、特徵，來尋求愛情。不再企圖透過愛情「立即」地使自己完整，或得救。

無論是日久生情也好，一見鍾情也罷，那些沒有美好結局的愛依然貴重，重點在於整個過程我們到底經歷了什麼，學習了什麼，倘若我們知道，這世上沒有一個人是設計好來「符合我的需求」、「使我一定幸福」的，我們體驗各種愛的「開始」，那最神祕、最不可捉摸，最令人激動的時刻，但心裡知道，即使如此，自己的人生依然需要自己背負，這段愛情未必會以美好結局作收（誰知道結局到底在哪？），理解愛情的無常，不讓一次愛情的結果打碎自己。

我曾經期待著這世上有某個人如此美好，足以使我的人生也變得美好壯闊，曾經，有人緊抓著我不放，或者我不顧一切去追不屬於我的愛情，最後兩敗俱傷，身心破裂。經歷過許多次精疲力竭的愛情，我慢慢知道，無論遭遇再美的人，人無法透過占有來使自己成長，真正可以使人生變得更好的人，不是他人無盡的愛，而是自己的成長，而我更期盼自己從等待拯救、期盼奇蹟以戀人的形象出現的人，轉變為可以帶給他人幸福的人。

幻影

年輕時有過一段「刻骨銘心」的戀愛，起初兩人愛得火熱，後來我發現對方與我對這段戀愛的理解不同，大約就是我已經全然投入，而他還無法安定下來（不願再進入一段彼此承諾的關係），理解到這點，年輕的我感到非常悲傷，也很錯愕，還有很強烈的被羞辱感（自尊心太強，自信心又太低）……明知道兩人的關係僅止於此，且會逐漸崩壞，仍在陷溺的我，有時離開有時回來，好像都是自己演的戲，那痛苦更是無法言說，拖磨了幾年，那個永遠不離開，不走近，不拒絕，也不承諾的人，總會在每一段新的關係裡，成為巨大的黑影。

有時想來荒唐，然而，當時身陷其中的我，卻怎麼都繞不出某些鬼打牆的矛盾裡，有些日子，我覺得自己看開了，即使沒法設想未來，我也能跟他相處，不要求，沒有期待。有時，會突然發狂似地，覺得他才是應該「勇於承擔」的人，一開始說要幫助我，最後卻傷害了我……但，奇怪的是，我無論多麼傷心，難過，任何時候，我從未對他說過一句狠毒的話，好像即使那麼年輕時，我也知道那是我自己的問題，個人有個人的承擔，只是我在演內心戲，他看不出來，或看出來了，無能為力，使我感覺自己孤獨且可笑。

如果是現在的我，可能會少受一點苦。

兩人陷入熱戀，只憑真心，全然沒有計畫，但一旦進入關係，需要具備的，是比「喜歡」「欣賞」「迷戀」「讚嘆」更多的支撐，需要日積月累的愛，需要具體的協調，需要對關係的進行有共識，所謂的共識都不是一下子建立起的，最初，是你有你的方向，我有我的看法，剛好相合的，覺得真巧，不合的地方，因為愛意正濃，會被巧妙遮蓋，但那些更為尖銳、影響力較大的觀點，比如是否一對一，比如釐清對方以及自己目前與其他人的親密狀態，比如，對同居的看法，對婚姻的看法，對於將來交往之後的相處方式的看法（願意，以及有能力如何去維繫），通常，到了這個階段，有些人最基本的狀態會跑出來，比如對親密關係的恐懼，或對親密關係的依賴，比如，無法承諾，或過度承諾，占有欲、控制狂、自卑感、猜疑，會在進入愛情關係，變成戀人之後，突然像病毒攻擊，讓我們幾乎「認不得對方」。

然而那才是第一關。

愛情關係，需要一點一點確認，摸索，調整，有時會前進，有時會卡住，有時會倒退，有時，必須分離。這都是單純的「愛戀」不用做的，是因為要有「關係」，所以必須具體落實。

對很多人來說（比如從前的我），愛情就像是突然掉進一列只能前進沒有停靠的火車裡，而且越跑越快，即使上錯車，坐過頭，甚至路線已經改變了，卻沒有任何機制讓我們停止，下車，因為那樣會受傷，會難過（無論是哪一方），人們為了避免痛苦，會停留在車上，直到出軌，或撞毀。

然而，愛情關係不是沒有煞車的行駛，既然是關係，就是可以變化的，正如人生每日的無常變化，進入關係第一個條件，是要知道，既有開始，就有結束（生老病死，愛恨別離），既然是「兩情相悅」的開始，也可以「兩方都接受」的結束。

無法接受「分離」、「失敗」、「不順利」或「非自願結束」的關係，不要貿然進入關係，因為這些都是關係可能的將來。

另有一種，我們總以為「你愛我了，你一定會……」自動將對方想像成某一種人，或者他必須得成為那樣的人，否則就是傷害我，你要求他忠誠、體貼、負責、照顧、溫柔，彷彿那是被愛之後一定會得到的，但人都是不同的，每個人對愛的表達、愛的能力甚至對愛的理解與想像也不同，年輕時我愛著那人，因為遠距離，每天我都想跟他講話，見了面，就不想回家，我以為「如果你愛我，一定也跟我一樣」。結果，人家沒這樣，我就難過了。

接受關係的可能結束，也要接受關係的「可能挫折」，兩人都有愛的意願，也已經在一起了，但有一方步步進逼，另一方拚命想逃，一個人已經想到白頭到老，另一個人還想著自由自在。當發現對方沒有「只愛你一人」的打算時，感到崩潰，挫折，悲傷，甚至憤怒，「為什麼傷害我？」

愛情裡最叫人不解，或者最難以處理的，就是這種「傷害感」，無論是因為對方不願意承諾，或者是對方承諾了但做不到，不論是他說了實話「沒辦法一對一」，或他說了謊話「說好一對一，但實際上沒辦法」，另一方總會是天崩地裂。

我常想，年輕時的我把愛情看得好大好大，然而卻不懂得如何灌溉這份愛，甚至，不知道如何才叫做付出，怎樣才算是去愛，一點點愛情上的挫折，就足以使我崩潰，足以令我的世界瓦解，於是顯得那個人好像對我做了什麼十惡不赦的事，但實際上，我還沒有建立什麼自我，我的世界也還單薄脆弱，有人愛我，我就將那人用來充實我所謂的「自我與世界」，像充氣一樣，把這份還沒有內容的愛，充到最飽最脹，以為那種感受就是愛。

若是現在的我，會在這個關鍵的時刻，與他詳談，我會有比當時更大的勇氣聆聽他不能承諾的原因，願意撇下自尊與個人面子，去理解為何兩人肉體上的親密卻無法帶來關係上的進展，他能不能承諾，要不要與我廝守，無關我個人好壞，與價值無涉，那是對方的人生選擇，對方基於他的意願，做了一種感情關係的選擇，有時不如我所願，難免失落，但也僅就失落而已，因為即使戀愛中人，也該有權利做自己的選擇，已經愛下去了怎麼辦，道不同，分開走吧。

要能分辨該下車，該轉彎，該停車，該有不讓彼此墜毀的解決方案，愛情不是失控的列車，兩個自由的成人，要有能力做出對彼此最好的判斷。

但前提是，不要害怕挫折，不要因為失落而把原有的愛炸碎。

認識一個人，深入理解他，親密與他交往，本就是冒險，這份冒險，使我們擴大了生命的可能，這份冒險，當然也可能會使我們痛苦心碎。

然而，真正使人痛苦心碎的，往往是自己內在原有的東西，愛人給予我們的挫折，他的猶豫不決，甚或他的背叛，或他的離去，只是促使我們去看見自己內在那份脆弱、恐懼、那塊還受傷的地方。

於是，說了做不到的承諾，答應了沒完成的事，輕易說出口的諾言，或者，不知為何的謊言，這些，就像是生命用來測試我們到底是一個如何的人，我們可以如何面對挫折，面對失落，面對他人善意或惡意的傷害，我們如何判斷何者為傷，何者只是彼此不同造成的摩擦，我們如何在受到挫折，面對失落，遭到傷害時，能夠保有自我，不輕易被虛幻的情緒摧毀，要如何能從痛苦裡，找到愛的價值。

看清楚這一切，會發現，即使得到愛，或失去愛，除卻在戀愛裡的狂喜時刻以為什麼都有人共享，以為快樂時光總會延續到永遠，忘記了自己的責任，進入一段愛的關係，實際上要承擔更深刻的生命重擔，必須具備更完熟的力量，不只是不離開，不背叛，願意白頭到老，如此而已。愛的能力，甚至包括毅然放下，包括成全，包括諒解，包括放開。

尊重每一個階段，每個人的選擇，並設法理解他人，尊重對方的選擇，也設法理解自己的感受，不逃避痛苦，不躲到被害者的角色裡，痛苦不會是永遠的，除非你想要讓這份痛反覆繼續。

愛情關係是兩個人互動的結果，無論是自己的不安全感，對於孤獨的恐懼，害怕失落，或無法抉擇，是對於過往甜蜜的眷戀，甚至已經是對於關係的依賴，把人生問題全都轉嫁到愛情問題上，這些，那些，點點滴滴，愛情的挫折，往往反映了我們的現況，我們內心的實景，然而，既是自己內心的風暴，也就只有自己才能平息。

無法想像失去他的生活？一想到過去的快樂，就痛苦得受不了？覺得受傷了？感到被欺騙？覺得「一開始根本不是這樣」，「為什麼要這樣對待我？」放下這些，放下那種不甘、不平，甚至想要報復他的感覺，讓自己像一個成人那樣，可以妥善地處理一段關係，不必什麼都要靠對方的善意，你自己就可以終止這些輪迴。

你自己就可以走出去，當然也可以找到自己新生的路。

失去

總是等到即將失去，才知道失去的恐怖，但是為什麼「失去」像是怪獸，你只能看見它一點一點現形，就能逐漸籠罩整個天空、讓世界變暗，使生命變形？

他說要走了，這次是真的了。「我不愛你了。至少，不像以前那樣愛你了。」「我曾經非常愛你，但那份愛已經消失了。磨損了。」「我對你失望了。」「我們和平分手吧！」

或者不解釋，不說不愛，只是「要離開」。

到底哪一種情況比較好？可不可以都不選？

納悶自己哪來的自信以為他的愛永不消失，後悔那些曾在爭執時說過的粗暴言語，氣惱你為何往牆上丟了一隻杯子，幹麼沒事要偷看對方的手機……樁樁件件，你緊張、吃醋、不安全感、嫉妒，所有恐懼總和起來變成了失去。

我曾面臨的失去，是早在自己逐步失去時還不自知，不僅不自知對方的疏遠，更未發覺自己的怠惰，愛情是兩個人自願成立的關係，失去，也是兩個人造成的結果。

我曾以為那人是我世界的全部（因為我的世界也還沒建立起什麼），甚至包括同居、交通、經濟等，戀愛將兩個人的所有都纏在一起，離開，像是要把生命切成兩半，「什麼沒有了」。

本來就無一物。我經濟不獨立，甚至不會騎摩托車，我還不敢放手全心投入寫作，生活裡除了戀人，我連跟家人關係都不好。

這是誰的問題？該由誰來面對？答案很清楚。

後來我先去租了個套房，買了台二手摩托車，從組裝書架、採買一隻盤子開始練習。

失去的痛苦，現實上的崩裂，自己性格的矛盾與脆弱，對方對愛情的忽來忽去，感情過程裡的傷害，與對最後彼此的選擇，究竟為何走到分手這一途，這些漫長而細微的過程應該抽絲剝繭，公正理性地回顧，即使這時候回顧或反省也挽救不了關係，甚至，我們不是為了挽救關係而做的，對，這樣的時候不要「使出全力」「動用一切可能」來挽回，不要挽回，不要做出千百個承諾，不要發誓我會改，可以表達「願意努力」「希望對方再仔細思考」「給彼此與關係一個機會」，然而這些表達以外，不要用情緒做為武器，不要以死威脅，不要用自己的痛苦來讓對方「理解」你的愛，很痛苦、很害怕、很擔憂、無法想像接下來的生活、茫然無措，這是真實感受，但這終歸是我們自己的問題。

感覺即將失去或已然失去，是愛情最後一個身影了，那感受如此漫長、細緻、美麗卻令人悲傷，以至於你幾乎想起了幾年來所有的發生，面對著他收拾一半的行李，所有曾經兩人如今都形單影隻的景物，你悲痛欲狂，你想，前方沒路了，沒朋友、遠離家，如今連最後依靠都要失去了，不如死。

但不要死。尤其在失戀的時候，即使只是為了不讓對方遭到罪咎，也不要選擇自殘。應該在即使最後一分鐘的關係裡，也想著要讓對方「好」而不是要他「懊悔」、「自責」。

愛情顯露的往往是我們生活與生命某個階段的面貌，戀人只是相陪一段的同伴（即使這一段也可能長達一生），關係與生命都充滿變動，這是最開始要給自己的心理建設。

珍惜這最後時刻的回看，記起自己在還相愛時的猜疑（不能只因為他長得漂亮就心生不安），就要去面對性格裡為何善於猜疑（這跟對方長相無關，這是自信的問題），該如何表達這份不安，進而改善容易不安的感受，這需要很多努力。記起自己在爭吵時的暴力舉措，除了後悔，更要知道這是與愛相違背的，無論多麼憤怒，要學會控制憤怒，而不是用力量去展現。「但生氣、不安跟他的作為也有關」，是的，戀人的所有事物都息息相關，然而，你因為對方的美麗性感熱情而愛上他，不代表這份美麗性感熱情只屬於你，當他決定要開放自己，他想要更多經歷、更多愛，當你們相知更深，或許該做的不是懷疑、擔憂、責罵，而僅僅是放手讓他自由。

愛一個人，未必只能將他占為己有。相愛到一個程度，發現彼此心之所向並不同路，不要勉強，可以改變關係。

失去所愛，僅是表面的意思，只要你珍惜他，他始終存在你的生命裡，可以給予你意義。然而，現實上的陪伴確實沒有了，你必須回到自己的生命裡，「切切實實面對屬於自己生命的課題」，整頓起事業、工作，認識新朋友，做各種可能的嘗試，讓傾頹的生命重新站起來，花費心思釐清自己生命裡正在遭遇的問題，當所愛的人要離去了（無論生老病死、愛恨別離），也是催促你得回到「自我」這個主題裡，這不僅是要「愛自己」，而是要直面自己，修整自己，重新審視在這段關係裡自己的改變，不要摧毀自己，不要用悔恨模糊記憶，記住這段關係裡所有帶給我們的意義，那怕是痛苦的部分，而從中找出可以讓生活繼續的力量，所有的挽回、懊悔、等待，都不要針對他，而是化入生命裡讓自己變得更成熟、獨立、有能力去愛的人，我不知道你能不能等到他，該不該等他，然而，那條河流已經不同了，唯有重建自己，才能面對日後的生活，以及，即將到來、那份可能的愛情。

傷害

噩夢的時候，曾經傷害你的往事就回來了，你很驚訝自己在夢裡竟然還是沒有抵抗力，還是那樣任命運擺布，你很驚訝自己突然又跌進了進退不能的處境，你沒有「遺忘」那些事，再看見的時候，還是那麼痛苦。

你問我，經歷過那麼多不堪的過去，這樣還可以有自信嗎？還可以幸福嗎？擁有那麼多痛苦的往事，可以過著不同的人生嗎？會有人真正愛我？愛真正的我嗎？

我要如何擁有自信？

傷害是真的，痛苦是真的，為那些痛楚而動彈不得，彷彿永遠會被困在往事裡的自己，所有人都安慰你「要往前走啊，別再想了吧」，但只要稍有不慎，你總是跌回往事裡，或者被「現在」與過去的相似感到驚嚇。

後來我感覺自己的生活變平靜了，就像已經開刀摘除的子宮，終於不再流血，也沒有撕裂身體的痛，慢慢地能夠儲存能量，漸漸強壯了起來，但每個月的週期裡，我還是可以感受到身體因賀爾蒙的變化，我甚至會在那個日子來到時，真實地感到疼痛，我懷疑那其實是「幻肢痛」，因為已經痛了二十年，身體還記得，再現了那個痛。

我覺得「遺忘」這個機制，是使人類可以活下去的生存本能，你不會重複一萬次地為某一個傷口疼痛，你還記得那痛苦，但傷口結痂，痂脫落，裡面的皮肉生出來了。痛楚的記憶，流血的畫面，變得似真似假，但我們不想要遺忘，以免失去它，如果那些傷害背後存在著非常貴重的人事物。

所以我想，這樣的遺忘，並非真的遺忘，只是經過歲月，時光，經過漫長的等待，努力的理解，那些就像被包進殼裡的砂粒，因為日復一日的努力，終於長出一層膜，包裹了它，使我們不再鮮血淋漓，而年歲經過，那個膜裡的事物也發生了質變，俗氣的說法，就變成了珍珠。

我想對你說的是，那些回想起來栩栩如真的痛苦，那使你覺得自己沒有資格愛人，也不會被愛的往事，都存在你的內裡，等待你變得堅強，足以承擔，你或許會一直隨身攜帶著，無論願不願意，遺忘只是一種表面的形式，而轉化，才是你可以為自己做的。

真正從夢裡醒來，我在床上躺了許久，慢慢辨認這張床，這個房間，我見窗外的鳥囀，感受到世界一天已經展開許久，貓在客廳等著吃飯。

十年？二十年？三十年或更久，我終於來到了遠方。我有獨立的生活能力，可以養活自己，我有熱愛的工作，並且擁有不讓一場噩夢摧毀的堅實生活。

你也會有的。每一天都是新的開始，都有機會可以擺脫往事的糾纏，讓自己變得堅強。或許你還是會時時掉進傷害的夢裡，但你總是有機會再醒來，再前進一點點。

無論是什麼樣的人，無論擁有怎樣的過往，都有資格去愛人。

不要再傷害自己了。

陪伴

你說男友工作忙，下班後顯得疲憊，也不愛說話，你就「靜靜在一旁陪伴」，但他也不覺得開心，反倒是跟其他女生聊天時，顯得很快樂的樣子，這景象使你受傷。

我常想，忙碌的伴侶，或者遇上情人忙碌又疲倦的時候，我們該做些什麼呢？泡杯茶？按摩？陪他看電視？或者讓他獨處一下？他會希望我做什麼呢？

大多數的人，即使明知道伴侶回到家已經很累，對於親密關係的期待卻使我們還會在這種時刻，期待他洗去一身疲憊，耐心地來跟我們「談心」、「約會」、「溝通」，表面上好像是「在一旁靜靜地陪伴」，但心態上卻是「靜靜地等待他過來陪伴」，奇妙的是，被要求的那方總會有感應，或許因為勞累，反而下意識地逃避。

狀況不好的時候，不意味著永遠會如此，我總說對情人最好的禮物，有時就是「放鬆」，放鬆警戒，放鬆要求，放鬆控制，放鬆需索，這個放鬆的時間，隨他要做什麼，看電視打電動吃零食跟別人聊天，是他個人的舒壓時間，你納悶為何他累的時候見到你只是一張苦臉（甚至臭臉），看到別的女生卻是笑顏逐開，精神百倍，我勸你別多想，這種時刻，別的女生也就像是爆笑電影一樣，只是他用來轉移注意力的方式，我們對外人當然要收起苦臉，此人與他生活工作都沒有交集，他可以暫時忘卻煩惱，看起來當然開心。

有時，我們以為自己在陪伴，實際上（或行為上看來）卻像是，「我需要陪伴」，我只是靜靜地等著，等對方良心發現了，過來陪我。

我們會誤以為，只要夠相愛，即使疲倦時看到我也會因此消除疲勞（電影對白不都這樣說嗎），但有時，「愛情」就是他除了工作外的壓力來源，因為每個人的能力都是有限制的，下班後也許只想要腦袋放空，什麼也不想，但為了維持愛情，為了關心，或者自認應該表達關心，他知道應該陪伴情人，但心有餘力不足，或者，一開始是希望互相陪伴，還有些時間相處，但，在狀況不好時，兩人容易因此爭吵，或者容易出現「為什麼你不了解我？」「為什麼不耐心聽我說？」「為什麼我在你身邊你還不快樂？」這類的質疑，有時，光是想起會出現這些場面，人們寧願把嘴巴閉上，什麼也不說。

情人沒有相互陪伴的義務，陪伴，是為了相處，為了增進理解，為了分享，因為這些前提，人是可以選擇「什麼時候互相陪伴」的，有時愛的心意足夠，愛的能力卻因為外在條件而顯得不足，我們可以等待對方狀況比較好的時候，再進行溝通，不要因為某些狀況而否定了其他時間他的付出。

對方忙碌或疲憊時，可以詢問他「有沒有需要我做什麼」，如果你真想付出，可以做一些他需要你做的，而你也衡量自己的狀況與能力，適當地去做，倘若你有情緒上的需要，需要有人陪說話，這時候可以找朋友，或者靜下心來寫日記，或試著與自己對談，真的有必要跟情人說的時候，也盡量不要讓情緒帶著走，別想著「為什麼都不陪我」，人的孤獨、寂寞、空虛、無意義，都是自己應該處理的問題，情人只是相陪一段而已。

我相信，懂得在情人脆弱時掌握相處的距離，有助於自己、與對方恢復元氣，而人總有狀況好的時候，不帶著要求，但是帶著「邀請」，在彼此狀況好的時候，設法做些對關係好的事，沒有感受到被要求的壓力，我想對方也會更無負擔地面對你。

情人之間並非凡事都能互相滿足，並非擁有愛情就能解決生活所有難題，而陪伴，有一種真正的安靜的陪伴，那未必非得發生在身旁，或許因為你知道他累，你就到一旁去看書，發呆，做瑜伽，或者任何你喜愛的事，你知道這樣會使你快樂，而你的快樂，不必由他來製造，卻可以傳遞給他。

那像是一種訊息，「安心地處理你的疲勞，我自己可以照顧自己，你無須分心再來關注我，等我們狀況都好些了，再一起去做些開心的事」。

至於其他人為何可以帶給他快樂而我不能？別這麼想，別敵視那份快樂，那不是與你無關的，因為我們的心意總是希望自己所愛的人快樂，放他一馬吧，那就像看了可愛的卡通而生的快樂，那是無礙於感情的。

如果他永遠在忙，一直都不對感情付出呢？別忘了我說的，若你是成熟、自信、獨立的個體，你可自由選擇留下或離開，而等你夠獨立夠自信，應該離開的時候，你總是會知道的。

互動

你問我「我們到底為什麼需要愛情」，「如果在愛情裡沒有陪伴的義務，為什麼要交男女朋友？」

我也常問自己為什麼我們需要愛情？為什麼要談戀愛？但這些問題，我得到的都不是「功能性」的答案，我們不是「需要」戀愛所以去戀愛，是因為「墜入情網」所以談了戀愛，「愛情」並不是一項物品，一種東西，用以滿足「某種」或「數種」需要。愛是一種狀態，愛情是一種「關係」，而交往，只是眾多愛的可能性之中我們選擇的一種。

如果是基於相愛的前提而進行的戀愛，不是某種買賣，不是契約，也不是交易，那麼，它當然必須是自由意願底下的互動，兩人是在相愛的前提底下，自願地在或長或短完全不預期的時間裡，願意將愛情以「戀人」的方式落實在現實裡，進行各個層面的深刻的互動，這其中當然包括了「相處」，尤其是生活上的相處，一起吃喝，做事，娛樂，談話，睡眠，飲食起居，生活細節的互相參與，這些事都是讓我們透過近距離的接觸，讓「愛」這種抽象的感受，能夠有具體行為來表達，也讓愛的心意，透過點滴的互動，從最初的浪漫感受，進階到對彼此更深入的理解（或者說比較多面相的理解），愛情的關係，是透過彼此約定的一對一（或其他形式），自願在這段時間裡更專注地與對方的互動，因為人的時間有限，雖然人的自由意志會讓我們對更多的人產生興趣、喜好，或者渴望，但若要進一步的認識彼此，若希望透過愛情的形式來探究他人內心，深入他的世界，並與之互動，現實上需要局限在比較少數的人身上，才能可行。

兩人從彼此感到愛意，到決定了「交往」，都是基於自由意願，所以即使在進入關係之後，因為這份自由意願，是可以喊停的。即使沒有喊停，對於不願意去做的事，對於不是出於自願的行為，都可以說不，所以我的觀念中，談戀愛不是一種約束行為，而是自由意願的「約定互動」，一旦一方失去意願，自動失效。

即使在兩人都願意的狀態底下，每個人的時間、心力、處境都不一樣，所以「陪伴不是義務」，因為當我們要求對方「盡義務」時，他的自由意願會被妨礙，而這一種妨礙，是對愛情有害的。但，戀人需要相處，如果把「陪伴」轉換成「相處」，是讓人自由選擇的，因為希望彼此關係更深入，希望理解對方更多，互動得更全面，戀人在決定進行戀愛的時候，得先把「相處」當作重要事項，如果不願意與人多相處的，可以不選擇戀愛這種模式，愛的感覺，放在自己心裡即可。

兩人都意願相處，接下來要衡量的就是如何拿捏時間，如何讓這份相處變得自然，符合彼此的需要。如果一方總是處在「依賴」、「寂寞」、「空洞」的狀態，渴望戀人透過「陪伴」來緩解這些痛苦的感受，或者，以為只要戀人願意多花時間「陪伴」，自己人生的許多問題就可以得到解決，被賦予這種「陪伴義務」或「陪伴責任」的那方，可能自己的狀況也不佳，或者他也有自己的需求，或並不是沒時間或沒意願，而是不喜歡被「指定該如何如何」，有時，但單純想要相處的願望，卻變成複雜且充滿負面情緒的抱怨，「為什麼你都不陪我？」「如果愛我就該陪我？」「如果都不陪伴，那為什麼要交往？」

當你需要陪伴時，當這份需要變得強烈，令人焦躁，可能要先反過來想想，自己到底需要什麼？這份需要本就不是有人應該來滿足的，當這份需要不能得到滿足時，自己該如何自處？

當你覺得需要陪伴時，或許你想要的是「互動」，你感到寂寞，可能因為缺乏更豐富的互動方式，但因為不知如何表達，也不知如何創造，只能以「為什麼不陪我」來表現，看起來就像是指責，抱怨，需求，而對方會反抗，排斥，退卻。

我們總習慣於某些事物的發生，將之視為必然，談戀愛就是要一起吃飯、看電影、散步、親密關係，甚至一起睡覺，一起外出，有些人將這些「曾經」發生在追求期間或熱戀時分的行為，視為「常態」，卻漠視另一些應該深化，可以進一步得到進展的互動，比如除了約會之外，兩人是否逐漸理解對方，是否對於彼此的處境更能支持，是否一起創造出一個人時沒有創造的，比如擴大彼此的視野，因為認識另一個人而豐富自己的生活，比如因為這份愛情，讓自己得到力量，進而變得更安定。

我們往往在還來不及得到愛情的益處時，先感受到了它的破壞力，比如原本一個人生活得還算獨立，有另一個人可以依靠，自己的依賴心就跑出來了，比如原本還算怡然自得，進入戀愛中，卻變得患得患失。比如，對自己的理解是個「大方的人」，陷入熱戀時，卻總是沒有安全感。

進入戀愛，是透過與他人深刻的互動，發現更深層的自我，而愛情，是使我們願意，或者想要，透過這種發現，進一步修整自己，面對自己，極好的方式。

當你需要「陪伴」時，先與自己作陪，讓自己去掉那份焦慮，那種要求，可以更平靜或更舒坦地試想著「如何與對方多相處」，所謂的相處，是相互的，當然是要一起做彼此都願意或喜愛的事，而不只是要求對方聽你倒垃圾、陪你逛街，把那些感到空洞、寂寞、乏味的時間，把那些希望戀人陪伴你的心意，轉變成創造對關係與愛情更有益的事，進一步地關心對方，衡量他沒辦法與你相處的原因，試著去開發出彼此更多的心力，找出可以讓彼此都開心或感到滿足的事物，我想，當「被要求陪伴」，變成「彼此在相處」，當「總是被指責做得不夠好」，變成了「我們來試試看如何去做」，陪伴不再是苦差事，「相處」就更有可能發生了。

當戀人從「陪伴」變成「相處」，當「義務」變成「意願」，那些阻礙愛情流動的，會反過來幫助你們，讓戀人有更多時間相愛，而不是抱怨或逃避。而你可以從一個總是渴望陪伴的人，變得更有能力付出。

理解

你問我為何兩人是朋友的時候，可以互相理解，變成情人之後，他卻變得無法理解你？

這種差異感我能清楚體會，但我從自己的經驗裡察覺，造成這種差異最大的原因，是因為戀愛之前，我們會努力理解別人，而戀愛之後，卻總是想要對方理解我。

還是朋友的時候，只要對方對我有幾分了解，或表達出對於想要理解我的興趣，我就會感到非常驚喜，覺得這個人是我的知己，尤其是在當我喜歡這人，或者他表達出對我的喜愛時，這份理解顯得好珍貴，但，當我們變成戀人時，「理解」變得理所當然，變成一種義務，好像他已經是我的戀人，他一旦表明愛上了我，理解我就變成他的責任，成為他首要的任務，還是朋友時的互相傾聽，謙遜地想要透過更多地理解對方來表達愛意的動作，都不再顯得特別，「因為關係不同，要求立刻升級」，我們沒發覺自己對待情人與朋友的要求如此的不同，甚至連我們的作為也顯得不同了，但兩個人不會因為宣布相愛，決定交往，就如獲神助，這種關係的確認，只是代表彼此想要進一步的發展，更深入地相處，但往往，一旦進入戀愛，我們表現的更多是要求，我們努力的方向往往會從「去愛人」歪斜到「確認是否被愛」。

眼前的這個人沒有變，你們之間的互動跟以往也沒有太多不同，差異可能只是對待彼此的心態。

放棄「他應該理解我」的假設，當你發現他不理解你時，可能要反過來設想，那麼我理解他嗎？我這麼迫切渴望他的理解時，我想要表達的是什麼？我需要的是什麼？而面對我如此迫切的需要，他是否感到退卻？困惑？壓力？或者他也同樣感到不被理解的痛苦？當對方無法理解我們，我們需要做的可能不只是再三地解釋，而是退一步思考，這個渴望被理解的背後顯現的焦慮，進一步的作為，是設法解除這份焦慮，回到彷彿初相識時的陌生，人是多面且複雜的，我們對自己的理解本就有限，更何況要另一個人來理解我們。

不假設他應該、必然理解我，而去假設他可能不理解，去接受這份不理解，在這個前提下設法使他理解，或設法更理解他，這是相愛時最重要的一點，也就是「不要求」。

無論彼此是朋友或戀人，都不要求對方必須怎麼做，而只是要求自己，期許自己能夠做到我們希望對方達成的，戀愛時有一種奇妙的反應，當你只是專注於付出，不著眼於要求，會發現自己其實所獲甚多。

有一種很好的情人關係，那是無論多親密，始終像對待你想要去愛，而彼此還只是朋友關係的時期，那樣的心態，當時，你所渴望的，只是有一個機會去愛他，盼望將來有天你們會相愛，那時你想到的只是如何去愛，如何去理解，你會給予對方自由、不進一步要求對方一定有什麼反應，珍惜對方給予你的點點滴滴，因為你還不擁有，不會去計較關係裡的付出與收穫。

不要求，不期待，只是原原本本地，就像你最初愛上他那樣，我們不企求立即被理解，而是通過漫長時間的相處，點點滴滴的認識，逐漸地累積起彼此的愛與信任，這本就是困難的，更要給彼此機會，緩慢而切實地去實現。

不要急，不要氣，他不理解我怎麼辦？至少我們也還可以反過來去理解他。所以我們有餘裕去幫助他有機會來理解我。

重來

很少數的時刻，會想起某些人，某些往事，某些畫面像已經斑駁的照片裡殘存的影像，驟然清晰，你會記起對啊，那時候，為了某件事而歡欣、迷惘、痛苦、哭泣……那已經是過去了，在記憶的遠方，身體還彷彿還存留著因為那些事物引起的反應，眼淚的痕跡，咬齧的痛楚，心臟因痛苦而皺縮，握緊拳頭想要阻止吼叫時，手指蜷握的觸感……你坐在精神科候診式的長凳，心想著自己沒病，可是又那麼需要求救。

曾經，我以為放開就是失去了，我無法想像失去之後的世界，即使身處其中令我非常痛苦，然而失去卻是無法想像的，像把刀子握在手中，寧可流血也不願意鬆手。

然而走著走著，兩個人的路，早已剩下我一個人，我顛簸地走，恍惚地走，像是為走而走，更像是因為無處可去，無路可走而走，那時我以為，離開這條路，我就不是我自己了。

戀愛裡，你總會有很多後來想起也感到驚心的思想，比如「即使這樣，也不能證明他不愛我」、「他一定是有什麼苦衷」、「只要還能見面……」、

「只要還可以愛他」。

後來才知道，是因為執意留在原處，才使自己不像自己，為了保有那僅剩一點點的關聯，我努力哄騙自己，說服自己，「那也是一種愛」。

是啊，那也是一種愛，是世間萬般種情愛的一種，而這樣的愛，更該在該收手的時候收，我們都知道走不下去了，只是誰也沒勇氣喊停。他慢慢退出我的生活，而我嘴上說著放手，眼睛卻望著遠方，等待著偶爾，微乎其微的可能。

這樣不好，我知道這樣不好，但那時的自己，還沒成熟到足以將對自己不好的情事轉變成一段回憶，我只是一直想著：「我到底哪裡沒做好？以至於他從愛我，變成不愛我？」我只是想著：「如果我那時沒有……後來就不會……」我只是反覆地，像一種執念般想著「可是我們曾經那麼快樂……」

醫生沒多說什麼，想來愛情的執念，藥物也無法挽救，我在公園的大樹下坐著，好友陪著我，那是我從前最喜歡的公園，我們總是去那兒散步，但我坐在那兒，只覺滿目荒涼，綠草都不綠了，我不想活了。「我該怎麼辦？」我問。

朋友很安靜，他只是握著我的手，我想他沒說出口的是：「沒有任何力量可以使他人用你想要的方式去愛你。」

後來我搬了家，住在一個大樓的小套房，有個好大的露台，全空的屋子象徵我十年各種愛情的結果，三十一歲了，這才要從頭開始。

分期付款買冷氣、冰箱、床架，存了錢就再添購好看的床單、沙發、茶几，自己縫製調掛的窗簾，二手市場買來的小擺飾，一盆一盆搬上樓的植栽，夏天的傍晚，朋友們來看我，我們在露台上聊天，涼風徐徐，我還是那麼痛苦。

即使在最痛苦的日子，我也沒忘記我得寫小說，得把生活重整起來，我總是沿著長長的堤邊散步，走很遠的路去吃飯，寫長長的信給朋友，還不懂得如何為自己療傷，像戒毒一般地，忍耐著不回應他任何的信息。他想必很內疚吧，而內疚也挽救不了我們。

後來我開始寫長篇了，每週趁著不用送貨的日子，寫三個全天，三個夜晚，就是從那時候學會規律寫作的，那個小屋從避難所成為我最喜愛的工作場所，我不再需要跑到咖啡屋，不用他人允諾，我自己也有能力給予自己一個安身的屋子，書桌靠窗，寫累了就走到窗外去，有一天我望著對面大樓的人家放鴿子，那些鳥兒突然全朝我這邊飛過來了，以優美的弧度，在我上空旋繞，又飛往別處。

那時，我才發現我已經不痛苦了，還愛著，但不再執著著想要「回到過去的美好」，我還沒忘記，我只是遺忘了那種被愛情綑綁無法自已的感覺。

遺忘，或許不是遺忘，我們只是把某些糾結於心的事物打包整理，放進了記憶的深處，不再去撩撥它，然後全然投入生活裡，投入那已經失去許久的自我中，沒有任何力量可以使他人用我們想要的方式來愛我們，幸好，我們總是還可以使自己快樂、充實，以某種自己做得到的方式，緩慢地而艱難地，像撬開一條被硬石阻礙的路，過程可能會非常緩慢，我回憶當初，想著是那條有大樹的河堤救了我，是那個有露台的小屋救了我，是愛我的朋友們救了我，是小說救了我，是這些美好的人事物讓我有了暫時可以遺忘的去處，讓我知道，我未必只能重返原地等待一個不可能的愛情，我可以重新來過。

無論幾歲，生活是你的，你總是可以重新來過。

同病相憐

早期的戀愛，我愛上的都是有著「痛苦遭遇」的人，不幸的童年、悲傷的過往、精神上的創傷、難以啟齒的身世，貧窮、失意、憂鬱，甚至躁鬱，無論是精神上、肉體上、人生際遇、感情經歷，不但複雜，而且飽含痛苦，我總是吸引這樣的人，也為這樣的人著迷，我根深柢固認定自己有著與他人不同的過往，一般人無法理解我。（但何謂一般人？）我甚至會在聽聞一個人悲傷的過往時，忍不住地愛上了他／她，我以為那樣的人才能感同身受。但實際的經驗卻是，我們因痛苦而相互吸引，最終卻都是想要得到對方的疼惜、理解與幫助，甚至可以說，我們的愛是建立在「渴望被愛」「期盼被拯救」之上，而彼此卻都還沒有具備能夠愛人的能力，一開始可以很快理解對方的痛苦（也未必是真的理解），進入關係後，卻因為彼此尚未痊癒的傷，容易懷疑、不安、悲觀、憤怒、憂愁，甚至，因為自己還太過脆弱，無法好好展現理解他人的能力，更遑論有力量去付出愛，一段看似相互契合的戀愛開始了，接下來面對的卻是彼此的傷痛帶來的後遺症，「痛苦的人往往也是危險的」，我與對方皆然，我們尚未從經驗裡解脫，我們還帶著那些舊習，我是習慣被感情勒索，對方若不是習慣進行勒索與控制，就是恐懼親密、無法承擔關係，我們向彼此揭開自己的傷，卻責怪對方沒有因此「更了解我」、「沒有能力幫助我」，我們因為痛苦而親近，因承受不了痛苦而分離，最後卻導致了彼此另一次的創傷。

愛的一種表現形式是同理，然而光有同理心不夠，這份同理若造成的只是勒索、控制，甚至是自己無法自制的退讓、扭曲，會使這個產生愛的人再一次對愛感到恐懼，而習慣以愛進行勒索的人，也會因為無法順遂，若不是看見自己的軟弱而挫折，就是對愛失去信心而逃避，或者變本加厲再一次去尋找「可以控制」的對象。

很長時間裡，我對自己這樣的感情觀覺得困惑與痛苦，我不懂為何當初信誓旦旦愛我的人，最後卻成了我必須逃離，或對方逃離我的狀態，我渴望平靜，卻不自主為強烈的愛欲吸引，我來到痛苦的人身邊，最後卻忍受不了他們的自私與自我中心（我自己又何嘗不是），當時的我還不明白愛是需要能力的，我以為對方不愛我，也以為自己的愛消失了，把愛當作是一種無可避免的「天然災害」，因為自己的性格與過往，將我帶到危險的人身旁，而我自己的存在，對他人也是一種危險。

從來沒人告訴我、甚至教導我，愛是何物，當我們對一個人產生強烈認同、受到吸引，忍不住想幫他、救他、協助他，這是不是就叫做愛？當一個痛苦的人指名了我，當他表明只有我可以給予他愛，只有我是他想要的，我誤以為這是一種「愛的表達」，某些時刻，需要與被需要都變成愛的同義詞，而當需要成為愛的化身，關係裡就充滿「索取」，一開始的付出是因為心疼，後來的付出，就像是不可自制的「盲目」，充滿了身不由己的感受，慢慢掏空自己，最後心神力氣都耗盡，愛也走到盡頭。

而反過來說，對他人而言，我或許也扮演了這樣的角色。別人對我，起先是憐惜、心疼，後來就感到壓力，甚至覺得我與他想像根本不同，這份愛似乎成了「壓力」來源，那種「我們握有解開對方心靈的鑰匙」的靈犀相通，卻變成了「我覺得我還沒有準備好與人朝夕相處」的親密障礙。

我們不只是過往傷害的產物，然而那些傷害確實還在我們身上，帶來影響，沒有幾個人有能力在戀愛之前就把自己都治癒好，然而，我們確實應該在戀愛前，對自己有較深的認識，並且從過往經驗裡，汲取出模型、模式或者教訓，我慢慢發現自己對痛苦的人沒有抵抗力，而這代表的就是我創傷的一種模型，我不自覺把「愛情」當作解決人生問題的方式，彷彿是如果我有能力與一個痛苦的人相愛相處，甚至，如果有能力治癒、幫助那個人痛苦，就轉移了我必須處理自己痛苦的壓力，我就是一個有能力去愛的人。然而，多少次失敗、痛苦、一再重複的經驗告訴我，自己的問題還得自己去面對，帶著「拯救」或「求救」的前提去愛，往往只是種下了「埋怨」、「失望」、「責怪」甚至演變成「新的傷口」。

當意識到所有人都必須對自己負責，我慢慢比較有能力去抗拒「所愛的人」傾注給我的要求，但這還是我的罩門，我依然是容易被控制、被勒索，甚至自己會去招致勒索、招致付出透支的性格，我見不得所愛的人痛苦，我無法分辨在愛情中人我的界線，我還不知道怎樣的付出是正確、足夠、合適的，在此之前，我要懂得分辨「愛的心意無限」但「愛的能力有限」，並且要深切體悟，「溺愛」、「縱容」甚至是一廂情願的「幫助」，所有看似無條件的付出，盡可能想滿足對方，只希望他好起來的念頭，必須做理性的調整，我們愛一個人，不能只是因為「心疼」、「在乎」，不能專門去做「不做我會難過的事」，而是要懂得分辨如何去做「對他是好的」，這個好不是讓他滿足或快樂，而是在幫助彼此都成為獨立、自主、成熟、自由的人，能夠幫助彼此都朝這個方向去，才是對愛、對關係、對彼此都好的事。

但這好困難啊，當我們愛一個人時，多希望把所有最美好的都給他，我們多盼望自己可以在他還沒經歷傷害前就認識他，多麼渴望自己有能力為他擋下所有一切苦難，然而，這並不可能。可能的是，因為都經歷過痛苦，更懂得辨認痛苦的原貌，痛苦會使人惺惺相惜，但不該讓人彼此縱容、姑息，變成互相拖累、指責，甚至依賴、軟弱，甚至變成感情勒索，我期許自己能夠辨認愛的出現，不再只是用「心疼指數」衡量，甚至誤以為那樣的人才能理解我，後來我漸漸知道，有時太多痛苦的經歷，會扭曲人，甚至使人失去同理他人、分辨是非的能力，甚至失去愛的能力，我自己就是最好的例子。

花費很長的時間，我逐漸不再受到痛苦的人吸引，或許因為我也懂得了如何與自己的痛苦共處，我也從漫長的時光裡，學習了如何帶著痛苦、卻不為痛苦扭曲（盡可能地辨認出扭曲，慢慢地扭轉回來），同病相憐不再是我愛的標記，更重要的是，我會在生活裡反覆提醒自己，「勒索」與「控制」無所不在，甚至就來自於我習慣於替人著想，習慣以對他人好來躲避罪惡感（這又是我人生另一個巨大的議題），想要有一份成熟的愛與關係，首先竟必須斬斷自己習慣的「惡習」，每一個新的對象，都不該只用習慣方式去愛，每一次的過往，都該成為鏡子，而不是複製的方案，那些因同病相憐產生的戀愛，我都牢牢記得，因為那些是讓我一次一次深刻發現我的問題根深柢固，不能倚靠一份愛情的來到而「迅速得救」，甚至，有時我必須拒絕某些愛情，才能讓自己避開一次可以預見的「重蹈覆轍」，但已經發生過的經驗，是生命最好的提醒，愛不是救星、不是解藥，而是讓我們認識自己、認識他人最深刻的方式，但有些路是不一定要走的，某些戀愛，也可以在開始之前就辨認出，那更像是我們或對方伸出來的求救繩索，人們總以為只有愛你的人才可能對你無條件的好，所以拚命尋求愛情的幫助，殊不知，有時力量是反過來的，你渴望無條件對你好的人，內心也正渴求你的救援，渴望你無條件地付出。

整理自己、修復自己，並且學著在愛情裡一點一點探索彼此，不要一洩如注地傾倒自己的愛，要讓自己在愛的過程漸漸壯大，也幫助對方壯大起來，有能力去愛的人，不一定要找到「同病相憐」的人，有能力去愛，有能力理解自己，就不會飢渴於被理解與被滿足，而更有能力選擇、有餘裕分辨，愛情更理想的狀態並非相互取暖，而是為對方帶來新的世界，是互相充實，而不是彼此消耗。

那時，愛不再是一種身不由己的狀態，而是全身心的敞開，為的不是得救，而是在付出的過程裡，看到自己與對方的成長。

但願在愛中，我們都能擁有清亮的眼睛，讓自己茁壯，可以照亮過往的黑暗，讓你有勇氣前進，或許這一刻還沒有人這樣溫柔牽握你的手，或許，握過你的手突然放開了，或許，在將離未離之際，你在許多雙手之間徘徊，或許你也如我曾經痛失所愛，期待第二次的機會，然而我想，即使一個人，在孤獨中，也能學習愛的本質，那就像我們本然的心，像最初時候，勇敢、新鮮、真實，就像我們還未曾受過傷害，還相信愛的神奇。

坦誠

有些伴侶或愛情關係一起走過幾年之後，陷入僵局，仿若死水，無法前進，若不是一方另有出路，就是有人先提出分手，更糟一點的，誰都沒有勇氣改變，直到某一方決定跟其他人交往，才有能力分手。

關係是否經過多年必然會走入「慣性」邁向衰亡，又要如何挽救？我認為唯有對自己誠實，對對方坦誠，無論經過多久，兩人都帶著最初戀愛的心情，願意一同成長，關係是流動的，時時改變著的，並不能因為穩定就保證不改變、不會遭遇挫折、沒有失去的危險。

愛情關係裡最可貴的，是這份愛起於「自願」，過程也都朝著自由、自主的方向前進，並非只是為了一時的「喜歡」、「欣賞」甚至「依賴」、「迷戀」，甚或其他「利益」，有能力選擇「自由主動地進入一段關係」，也要有能力「自由主動地」維持這份愛的實質內容，甚至在它發生問題時，有能力、願意承擔，努力修復，或者美善的終了。

戀人們基於自由主動的意願進入愛，並不代表是遊戲地、隨性地開始或結束，而是因為這份自由主動，兩人在這段深刻互動的關係裡，幫助彼此變得更獨立，更有愛的能力，讓彼此都有能力去愛，且有能力做有意義的事，幫助對方與自己日復一日地成熟，逐漸地成長，讓這份愛可以隨著時間累積，倘若有一天必須分離，也願意幫助彼此「真誠地」面對關係的問題，理解不是因為「不愛」，而只是為了成全這份愛的走向，自願地分離，改變形式。

關係裡太容易陷入的各種問題，除了磨合，除了誘惑，也包含了在真正的戀愛關係裡，會看見愛情裡的困難，愛情是需要投入時間與心力，需要有勇氣面對彼此的不同、可能的失望，與時時遭遇的挫折，愛情不是兩相情願、浪漫結合之後，一切就會水到渠成的。更準確地說，愛情甚至是在浪漫消退之後，考驗出現，才真正開始。

首先，先確認自己有沒有愛的能力，是否願意朝向變得更成熟、獨立，有能力自主，才進入一段戀愛，如此，我們可以不拘泥於「形式」，不恐懼「失去」，不害怕「孤獨」，不沉溺於「習慣」，願意從零開始，把愛的夢幻面紗去掉，知道開始一段深刻的戀愛，更多時候是承擔，是去除自我中心，是願意將對方置於首要，必須在愛的過程始終地「真心誠意」，且有能力在發現自己還不夠能力去愛，只是貪圖、偷懶，或怠惰於一份可依靠的關係的甜美，有人作陪的快樂，或者被人喜愛的虛榮，這種種假象之中清醒，願意努力地檢討，與對方重新審視這段關係，決定下一步的走向。

愛情不會自動生存，也不會無故死亡，並非像夢幻般神祕出現，又離奇消失，經過深思熟慮，自由選擇的愛，不基於任何利害關係，它甚至可以因為自由選擇，而臻於永恆，你選擇了愛，有能力去愛，就不會輕易地放棄。即使放棄了關係，也只意味著形式的變化，核心依然是愛。

簡單來說，當兩人的愛情落入枯竭、僵固，甚至趨近死滅，起死回生的辦法，是兩人彼此坦誠，願意面對關係裡各種造成僵化的原因，是檢視兩人是否依然朝向願意一起成長，一起克服困難，是否還在「真正的愛」裡，沒有放棄。

倘若發現不是了，也勇敢承認，或許另尋出路，或祝福對方，或改變關係，因為愛的心意仍在，只是無法一起同行。

真正可以帶領著彼此共同成長的愛，隨著歲月演進而進化的愛，永遠是彼此坦誠、持續溝通的，放棄溝通時，隔閡會將這份愛引入沒有出路的歧途，看似可以保持關係，最終依然會使關係結束。

無論是什麼，都去面對它，結束或開始，繼續或停止，都不可怕，可怕的是不再面對自己，也不願面對對方了，可怕的是，因為一時的恐懼，而失去了最重要的人事物。

要不要一起走下去？願不願意真正勇敢去愛？能不能毫無芥蒂地，為了彼此的成長而努力？坐下來好好談談。如果這人不是可以同行的，也心甘情願，勇敢地放下。

知己

戀愛之初，心心相映，靈犀相通，將戀人視為情人、知己、親人三位一體的全能對象，交往日久，因為各種原因的曲折轉換，慢慢地，戀人們開始有了不敢對彼此訴說的事，或許是一些細碎抱怨，某些心情起伏，或者更為幽微曖昧的，私人心事。戀人們不知道自己是何時開始與對方疏離，看起來是為了成全關係，擔心對方難過、受傷，或者更多是因為自己的「自私理由」，太多可能了，當愛情進入關係，各種複雜的因素使愛情不再只是兩人心情相通的浪漫理由，日常相處，經濟因素，甚至是生活習性，或者對未來的鋪排，慢慢地，兩人內心有了各自的曲折小徑，戀人們收藏起那些應該在第一時間與對方商量、細訴、討論或對話的「內容」，收在某個祕密的層櫃，以為可以使關係順利些，那些安放在櫃子裡的祕密，慢慢發酵。

經常使人困惑的，永遠是「人與人之間的界線」，戀人相依相愛時，恨不得將一顆心剖開攤平，獻予對方，為何如此的心境，總在進入關係之後開始改變，或許因為某些爭執，開始學會察言觀色，或許因為幾次的溝通失敗，漸漸不願意「誤觸地雷」，更糟的往往是，一方大聲疾呼，另一方充耳不聞，或一方碎碎細念，另一方裝聾作啞，開始懂得「隱藏」、「閃躲」甚至開始「粉飾」，慢慢地，兩人的語言不再相同了，對彼此的處境越來越不理解，即使使用相同的語言，也不再能夠對話了，明顯感受到的是關係的改變，卻不知如何挽救。

「坦誠」永遠是要求自己的，甚至也只能自我要求，我們期待一段有能力溝通，充滿成長動力的關係，會誤以為自己總是對的，倘若在關係裡自己是不動的那方，總以為這樣已經足夠，做到不變心、不欺騙、不隱藏，似乎已經是對愛最好的貢獻，然而，愛情永遠是雙方的問題、是彼此互動的結果，我們不但要求自己坦誠，也得要求自己具備承擔他人坦誠的能力，小自生活細節的溝通、價值觀的不同、對他人自由的尊重，大到確實能夠「即使對方要離開，也能夠平靜以對」，我們時常要求他人誠實，當對方坦誠的內容有些許使我們受傷，不論是「批評」、「抱怨」或「曖昧」甚至「不忠」，小則激發我們的自尊心，開始激烈回應，引發爭吵，嚴重點，當事情涉及其他情感，無論是否已經發生變異，往往祭起「道德」的大旗，以充滿怨毒、受傷的心情，回報以

「痛斥」、「哭訴」、「怨懟」。

我永遠記得自己在面對某一段戀情的盡頭時，當我發現對方喜歡上別人，已經與那人有所親密，我大聲嚎哭，泣訴「為什麼要騙我？」時，對方同樣哭著對我說：「你是我最親的人，當我發生這麼大的變化時，多希望可以第一個對你說。」「那你為什麼不說？」我問。「因為你會很難過。」他說。我是哭著聽他說完這些的，我確實沒有能力承擔我以為我可以承受的，我曾無數次想過，早在曖昧之初，若他能據實以告，我是否有能力傾聽，但我對自己沒有把握。

多年過去，我還是期待自己可以「做對方的知己」，但有時卻忘了也要記得將對方視為「知己」，這是一個漫長的學習，透過這互相知悉，彼此坦誠的過程，透過試著進一步對自己的作為、思想、願望、恐懼、煩憂，都能有對戀人表達說明的能力，也試著能夠除了「企圖控制」、「占有」、「確認安全感」以外，更為無私的理由，那就是回到最初，彼此那份相知相惜，那份願意成為彼此的知己，如此簡單的心願。

我並不知道經過這許多年，我自己是否更有能力接受「不利於我的實話」、「直率的批評」或者「真心的建言」，我是否願意撤除心中的防衛，恐懼、自私、自我保護，願意將那冑甲在所愛之人面前卸下，邀請對方，進入我柔軟而脆弱的內心，我是否也有能力，除去尖刺、舊傷與種種包袱，進入他人的內在，且能溫柔而堅定地加以理解，進而撫慰？

我還不確知自己是否更勇敢了？然而我知道，這是唯一的相愛之道，相愛，並不是形式，只保有那份看似美好的「表象」，無能令關係前進，當然，相愛有各種可能，有許多愛情，在現實裡沒有實踐的可能，只剩下一份善意與無盡的祝福。

但，倘若這份關係我們期待它是長久的，我們只能要求自己更堅強些，更勇敢點，更柔慈、堅毅，且更公平地看待對方，也牢記將對方視為成熟、穩定的成人，有能力承受我的「實言」，即使我們都還沒能力做到，也願意一起努力著嘗試，做對方的知己，即使如此，可能會使我們疼痛、不安、羞慚，或失去對方，但願我們可以做到，即使對方訴說的是他的「另一份愛」之時，我們能做好準備，傾聽，接受，像自己承諾過的那樣，坦然放手，或接受改變。無論結果是否對我有利，一直懷抱著那份設法理解的心意。

做對方的知己，也做自己的知己，誠實撫摸、聆聽、理解、梳理自己的內心，從而確認自己是否有能力撫摸、聆聽、理解、梳理，你所愛的人，那顆你真正渴望觸碰的心。

對話

早餐人安靜，我聒噪，看起來好像很互補，實際上我卻常「吵到他」而不自覺。相處日久，我們並沒有變成「談話不停」的戀人，許多時候，我覺得不開口是我愛他的方式。

剛認識我就知道他安靜，但直到住在一起，才知道他的話少得出奇，而且大多在上班時間已經用完額度，回家後只想靜靜地。

以前戀愛，因為長期獨處，最喜歡講電話了，覺得戀愛啊，就是要交談，因為幾日不見面，有好多事想要分享，想知道對方發生什麼，感受什麼，交談使我們感覺就在彼此身旁。

然而，經過這幾年的「安靜練習」，我慢慢發現過去那不斷地說著話的自己，那些企圖透過說話來與對方親近的時刻，時常並無法帶來真正的親密，我記得某一次戀愛關係裡，也是電話講得很勤，在那幾乎令人無法喘息的密集話語裡，我大概聽了二十分鐘，似乎都是對方憤怒地表達什麼，我很焦急，只是在等著某個空檔，希望「換我說一下」，抱怨生活裡諸多不順。

是啊，何時開始，戀人變成我們的垃圾桶？為什麼在應該溝通的時刻裡，我們都急著想要訴苦，且渴望尋求安慰。

在阿早身邊，我慢慢學到，「說話不是演講」，不是自己有什麼想說不可，就要一股腦地說出來，你說了話，也不代表對方一定要聽，他聽了，也未必要有回應，即使有回應，也不見得就是安慰。

我深刻體會到，會讓人想閉耳不聽的，若不是對不特定人事物的抱怨，就是對於對方的抱怨或要求，甚至更曲折的，是把對對方的期待與要求包裹在對其他事物的評價裡，這樣的話語，最容易導致對方情緒上的反彈，甚至，談話會突然變成「訴苦大會」，當你說著「我最近工作壓力好大」，他會說：「我加班累死了」；當你說：「我心情有點低落」，他會回答：「我每天都失眠」、「我肩膀痠」、「我胃才痛勒」……然後訴苦變吵架。

你問我：但精神上的支持是我要求情人基本的條件。

你也可能會問：不談話，怎麼溝通？怎麼能夠有深度的交流？

我想說，不是不能講話，也不是不能訴說，是「訴說」不是「訴苦」，是「敘述」而不是「抱怨」，任何對情人的要求都會反彈成為關係的挫折，戀人之間的話語，是基於愛與理解，而不是某人必須扮演另一個人的安慰者。

那該怎麼說話呢？

還是可以自然地說出想說的，但不要帶著「說完他就會安慰我了」的心態，也不要有「愛我就聽我說」理所當然，更不要心存「我想說話的時候你就得聽」的念頭，倘若對方反應冷淡，不要覺得憤怒，若發現對方開始訴苦，我們可能就要思考自己是否正在訴苦，而不是在「訴說」。

戀人的反應往往直接顯示我們當下的樣子，你咄咄逼人，他就反唇相稽，你步步進逼，他就後退想逃，你歇斯底里，他就會勃然大怒。

戀人的話語，可能更應該是像最初戀愛時那樣，我們說著自己的故事，但也急切地想要了解對方，我們對這個剛認識的人，沒有什麼要求，只希望與他四目相望，只希望看見那些我們不曾參與過的往事。

想說話就說，但不要為了發洩情緒而說，最好的談話都是「對話」，是「交談」，而非單方面的「傾訴」。但你需要傾訴，若對方有興趣聽，就說仔細些，對方感覺無趣，就漸漸收住話題，需要安慰時，可以明明白白地，直接對他表述，「現在狀況不太好，是因為發生什麼什麼，可能跟你說完之後我感覺會好一點，但我還是會自己鎮定下來」，當我們不把情緒的責任推到對方身上，讓他還原成一個「聽者」，他就會比較有能力聆聽。戀人間的對話就會變成對關係有益的交談。可以真正說出內心感受，可以進行思辨，因為沒有要依賴誰，反而可以互相支持。

人生的問題，生命的困惑，生活的遭遇，總是自己的責任，要自己扛起來，這是任何時刻都不變的。能肩負起自己生命責任的人，更能夠深刻地與人對話。

適當的安靜，是另一種形式的溝通，我們可以不再拘泥於言詞的意義，受困於被描述或被定義出來的，而能專注觀察發生的事物，進而體會自己與對方的感受。

我現在還是很喜歡說話，但我會跟許多人說，我有朋友，有姊妹，有老師，還有讀者，我正在寫小說，還可以寫臉書。人生的重量不要壓在你愛的人一人身上，盡量不在最激動的時刻說，說完就放開。

我還是那個瘋瘋癲癲，傻裡傻氣的人，也還是常常抓著阿早說這說那，但我知道何時該讓阿早休息，我知道說什麼會使他困乏，我更知道，適當的安靜，會讓他更有意願交談。奇妙的是，很多話你會發現其實不需要急著說出口，等到不那麼需要時，你說出來的話語變得精簡，經過沉澱，你與戀人的對話也更接近「溝通」了，因為不再有情緒與要求作祟，我們可以天南地北，說著彼此感興趣的話題。

而不說也可以。不妨礙我們相愛。

而當靜默的時刻到來，你什麼也不焦慮，你可以靜靜等待，某個時刻，彼此都從專注的事物裡抬頭，說了一句什麼，好像是最日常的話，然後，有一句沒一句地，開始對話。

安慰

有時關係會進入一種鬼打牆似的低谷期，怎麼都有問題，衝突不斷，簡直是一觸即發，連鎖效應停都停不住。

三花剛生病那段時間，阿早早出晚歸，我又忙著打書，天冷，相處時間少，事情忙亂，家有病貓，吵了架也沒時間修復，裂縫越來越大，感覺是彼此都需要安慰，但兩個人都精疲力竭，有時吵著吵著，真希望有什麼「神祕」的力量幫我們一下，總覺得再下去，會出事的。

那時，我不知道是阿早穩住了我，還是我終於從憂鬱裡清醒過來，或者因為我們真的相愛以至於還是在危境裡拚命不鬆手，如今回想起來，會覺得那是進入低谷期了，如果我們不是因為有承諾，結婚了，若只是情侶關係，說不定某個爭執點上過不去，就分手了。

戀人們時常無法用一個「長時間」的想像來理解現狀，而是活在當下，當下的情況會遮蓋掉過去，使人看不見未來，比如新年時還快樂的一起跨年，情人節也還浪漫地慶祝，但到了三月，天氣古怪，或功課忙碌，或工作壓力，或者遇上舊疾復發，或遭遇什麼挫折，兩人之中有人陷入沮喪，另一人渾然不覺，關係就變成壓力鍋，某天突然爆炸。

「我這麼痛苦，你什麼都不做。」

戀人到底應該為我們做些什麼？我們需要怎樣的安慰？

〇八年以後我身體一直不好，時常也陷入低落情緒，也會懷疑伴侶並無法同理、甚至想像我到底身處何種痛苦之中，周而復始的疾病，各種疼痛，也使我成為一個被天氣、賀爾蒙、乾濕度左右情緒的人，有一段時間，我們就是那麼吵啊吵的，我內心真正的感受是：「為什麼你這麼愛我，卻無法幫助我？你不知道我病了嗎？」

關係起起落落，都還是撐著，那時的我，只看見自己的病，卻看不見阿早的處境，借用他的話：「那你理解我嗎？」我會氣憤地說：「可是生病的人是我！」

如今回想，這些對話都是警訊，疾病可以摧折肉體，卻不該折損意志與價值，但人脆弱的時候，反而好強，要賴，人弱的時候需要的，是一種無底洞式的愛，那時的我，只顧著救自己，只想要旁人幫。

這次開刀後休養兩個月，復元之後，我是突然有日照鏡子發現自己氣色紅潤，到醫院抽血，十多年的貧血終於指數正常，因為長期疼痛造成的神經緊張，彷彿烏雲散去那樣，我突然對阿早說：「所以，陪伴著病人真的很辛苦啊！」阿早苦笑說：「對啊……你以前真的好奇怪。」

在愛情裡，我們也會遭遇自己人生的各種困境，疾病、困頓、疑惑、悲傷，有些短期，有些長期，我在逐漸習慣自己的怪病之後，最先做的，就是降低對他人的依賴，因為發現那種想要依賴別人的需求，會使我迷失自己，我會把自己塑造成「孤苦無依的孱弱病人」，一旦有這種念頭，接著而來的就是怨天尤人、對伴侶不滿、看什麼都不順眼，好像世界應該按照我的病情來調整位置，好讓我舒服一點。

回到老問題，愛人該為你做什麼？沒有「應該」，而是看你們的關係與相處，視各自的狀態，依照個人的能力，在各種非常時期，相處的方式有所調整，核心還是相互理解，即使自己在病苦的狀態，也試著去理解對方，並且正確地說出自己的需要，不是帶著「我在痛苦你當然要安慰我」的理所當然，也不是握著「可是我身體不好」的尚方寶劍，無論什麼時候，我們依然讓自己保持願意溝通的狀態，不弱化自己，才不會想要攻擊對方。

有時，你對伴侶的不滿，呈現的，卻是對自己以及自己整個人生狀態的不滿，因為世上在沒有其他人能夠自然地轉為這個可供指責的替罪羊，因為我們以為，只要遇到夠愛我們的對象，我們就會活得順遂一點，可是沒有，於是我們就怨怪對方。

伴侶是我們的倒影，是我們日日要面對的試煉，得意失意，他都看在眼裡，有些人善於安慰，懂得排解，有些人遇到壓力狀態就逃避，有些，你越是心情不好他越是情緒激動，有些戀愛，只要一方陷入低潮，立刻質變，都是因為伴侶的互相關聯，彼此牽絆，造成的關係緊張，而某些人，因為自己太弱，無法度過關係的低谷。

不去要求，但可以「請問」，在自己身心俱疲，情緒爆炸，徬徨迷亂之際，與我們緊密生活的伴侶，同時也承受著無形的壓力，或許他也因為同理，而感受到你身上的病痛，或許他因為焦慮，所以心生逃避。這時刻，腦中一旦出現「為什麼不主動幫我怎樣怎樣……」「難道你不知道我如何如何……」「你什麼都不說就表示你一定點點點點」……這些句子，只要你頭腦還清楚，就練習變成請問句：「我頭很痛可不可以幫我倒杯水？」「我最近工作壓力很大，如果態度比較不好請諒解。」「我心情不太好，但不是針對你，請不用介意。」「我覺得不太舒服，但不知道是不是因為你，也許我們可以討論一下。」……

在個人或兩人的低谷裡，我們不去期待任何一人扮演那個必然的安慰者，而是盡可能自我安撫，並且還是設法理解對方，試著形成兩人一方弱了另一方就堅強起來的支持系統，無論發生什麼事，都不「要求安慰」，不「等待安慰」，那本就不是「應該被給予的」，於是那些咄咄逼人的，那些充滿指責，那些使人有罪惡感的，言語行為或表情，會漸漸軟化，那個老是將愛人隔開，使戀人朝向誤解的「牆」，會瓦解。

會找到走出低谷的路。

討好

父親脾氣暴躁，是面惡心善的類型，但就像典型台灣大男人，平時寡言，開口時就在罵人，開心與不開心都要大聲，只要臉一臭，貓狗都噤聲。母親從不與父親吵架，但也難免有委屈的時刻，有時回家，母親會小小聲說：「他都給我精神虐待。」

我愛父親母親，但自小生長這樣的環境，養成察言觀色的習癖，母親生就好脾氣，人也豁達，但我卻是神經質，心思細密，懂得戀愛之後，只要是較為長久深刻的關係，我都不免陷入「討好」的狀態，就是不敢表達自己的情緒與需要，總是希望滿足對方，會把對方的情緒看得無比重要，只要對方稍有不快，就會陷入自棄自傷的緊繃狀態。

後來分手不為別的，都是我無法忍受自己的怯懦只好離開。

愛情使你看見自己生命的缺損，恐懼，傷害，情人使你如鏡地看見自己生命裡所有的遭遇，「內心戲」是生命經驗的反撲，「鑽牛角尖」是舊傷未癒的自我防衛機制。

逃走，是自毀毀人的生存之道。

「別企圖討好」，我告訴自己，那無法使你學會愛。反而使你蒙受其害。「別討好」，這只會讓你感覺自己不配被愛，當對方真的愛你時，你又始終無法確信為真。

「別討好」，而是真心去理解對方，正確地去愛，不是因為恐懼。恐懼失去，恐懼爭執，恐懼對方失望，恐懼自己失望，恐懼失去自由，恐懼失去自信，而最後，恐懼使你失去自我，也失去愛。

「別討好」，如果你無法分辨什麼是討好，你總是納悶為何對方可以自信自足地說出許多你聽了會難過的話，你努力去愛，卻會在某些夜深人靜的時刻，納悶想著，我到底怎麼了？為何愛讓人精疲力竭？

愛的來到與發生總是輕易的，重蹈覆轍也是容易的，要做一個自信而獨立的人是多麼困難，要自由地去愛人，且讓愛的人自由，怎麼看都像一個不可能的任務。

「別討好」，如果你無法分辨什麼是討好，你甚至沒有說不的能力，你不知何事該說不，何時說好，你不知該迎接什麼，拒絕什麼，你只是隱隱察覺自己在年歲漸長的過程，對愛情感到灰心，彷彿那不會使你快樂，只是讓你焦慮，好像放心去愛，到後來會變成「迷失自我」，一切都讓人困惑。

「別討好」，我總是對自己說，自然地去愛，在能力範圍裡付出，愛的心意是無限的，但愛的力量卻會受到各種現實條件的限制，這沒有錯，我們在學習愛，就包括了學習愛的過程裡會出現的爭執，意見相左，學習接受拒絕，承擔失望，學習如何在外界的反應裡正確地找到該「受到的影響」，我們盡情地去愛，卻不是為了任性重複一次一次必會導向失敗的過程，愛如此貴重，我們要如臨深淵，如履薄冰。

但不是「看人臉色」，這份謹慎，鄭重，在乎，小心，都不是為了討好，恰恰完全相反，是要讓我們時時保持在警醒的狀態，以「自由」與「自信」為前提，在「能力範圍裡」，逐漸地一點一點學會好好地去愛，與被愛。

「別討好」，愛是這世上許多「越是強求越沒有」的事物，不討好的話，該怎麼對他好呢？

放下討好這個包袱，放下看人臉色行事的習性，愛人需要的勇氣不是來自於自棄，也不是盲目地自尊，而只是合理地、自然地，首先於理解，心中如插下一把寶劍般地鎮定，是啊，我是來學習愛的，我可以慢慢來，對方臉色不好是嗎，他說話的語氣有點差啊，是不是討厭我了？莫非我不夠好？

關掉那個內心戲的聲音吧，愛情如此神祕，但第一原則卻是就事論事。

你靜靜地，望著情人變換的臉色如天邊雲霞，如莫測的氣候，你等待一場大雨停歇，你等待一陣涼風吹過，有時，你等的是一整個凜冬的過去……

別討好，別慌亂，別做任何不想做的，別說出違心的話，就安靜下來，等待時間通過吧。

你可以度過的。

合適

年輕時浪蕩，生活像是沒有盡頭的追逐，痛苦也像是無止盡的，那是一種自由帶來的痛苦，彷彿什麼都可以追求，卻什麼都不重要，除了寫作，我無法確定任何事，我只能一路將手中擁有的人事物甩開，彷彿什麼都是對我的束縛。我也曾感受到生命的重量，愛情的強度，但奇怪那時就是沒有能力將任何一段感情維持下去，有天阿早對我說，「你現在可以跟任何人在一起了吧？」「但我只想跟你在一起啊！」我說。

結束這段對話時我覺得震驚與快慰，我以為我的生命只有「我跟誰都不適合」這種獨白，沒想到我其實可以選擇，我有能力繼續「我想要的關係」。

當然這一定是阿早的功勞。

但我想，過往每一段半途而廢，提早下車，無故中斷，或無疾而終的戀情，那些傷心欲絕，氣急敗壞，茫然無措，或如雷電當頭劈下，要許久之後才有能力回想的戀愛，所帶給我們的，一定不是只有「灰心」、「失落」或「絕望」、「沒有安全感」，我是個小說家，且讓我用寫作來比喻，那些都像自己辛苦努力寫成的作品，自有它的生命，身為作者的我們，其實都留下了無法抹滅，也不可能取消的東西，除了傷害，與痛苦的記憶，除非我們總是重蹈覆轍，總是不嚴肅地自省，總是輕易地讓習慣與惰性引導，否則我們應當會從那一次一次的挫折裡，學習到更多進入下一次的關鍵。

「除了愛人的時刻，無法感覺自己存在。」A來信問我，他說，每當愛情失去時，總覺得自己一無所有。我想我可以理解那樣的悲痛，但我也想到，我們生來確實一無所有，確實也是在愛人的過程裡體會到自己的存在，但那些發生過的事，絕不只有結束的時刻那個版本，過程裡的每個細節，轉折，都細膩非常，從一段戀愛裡穿過，我們已經不是原來那個人了，但什麼也不可能把我們全部拆毀，總會有什麼留下來的。留下的無論是快樂或痛苦（或兩者兼有）的記憶，那個被留下的我，單獨一人，心臟彷彿被利刃穿透，覺得孤獨想死。

那些痛苦都是真實的，但要耐心等待，等待答案浮現，只要我們沒被那些痛苦殺死，我們就會比以往更強大一些。

「如果下次又那樣怎麼辦？」A問。

快樂的時候擔憂，悲傷時也擔憂，三年五年，快樂彷彿總有期限。

要擁有誰都無法奪去的堅強事物，要從內心深處真正地，像眷愛著情人那樣，學習愛護自己，要讓每一次的戀愛都是一個完滿自足的過程，我們並非為了空虛而愛，並不是因為我們不知如何愛自己所以轉而去愛他人，不要一股腦地隨心所欲去愛，不要像要把體內全然掏空那樣一廂情願地付出，與我們相戀的對象，是一道同行的伴侶，無論相伴時間長短，要期許自己不是盲目地走過，所以不會茫然地離開。

關於愛與相處，我知道得還很少，但我已經不是全然無知了，至少我知道，這世上不存在著某一個為了我而生的情人，沒有誰是為我量身打造的，所謂的白頭到老，攜手終身，仍是一天一天艱難的學習，我們不知道終點在何處，是否會戛然而止。但我可以把握我自己，我不會再因為軟弱而逃避，我不會為愛迷失自己，我不要讓愛變成恨。我要愛他以我所知道最合適於他，且不扭曲我自己的方式，我會盡力找到那方式，且努力地堅持它。我從無法愛人，變成可以愛許多人，但我只選擇與他為終身伴侶，因為這功課太難，需要全身心地投入。無論最後如何，我不會讓自己一無所有，因為那過程裡每個發生，都將真正地、充分地改變我，並且成為我生命裡真實的血肉。

為什麼我可以從「我跟誰都不合適」變成「我知道我有能力選擇」，我靜靜想著，我想，是因為我那份戀愛的心，真正已經愛到了我自己，那是扎扎實實的感受，我是那麼喜愛自己，以至於我也可以真誠地喜愛他人。

我要緊握著這信念，像緊握著他的手，穿過每一個春夏秋冬。

不安全感

年輕時不認識自己的不安全感，只以為那表示我愛得深，那是愛情必然帶來的痛苦，因為是痛苦，就想躲避，當時交往的對象風流多情，我以為我只要可以比他更「多情」，就能夠全身而退，好強的我不想問對方「愛不愛我」，我不願說出「我覺得很不安」，我深知我需要他多過他需要我，我在乎他多過他在乎我，我在他身上尋找所有自己缺乏的特質：自信、力量、豐富的閱歷，我不自覺將他當作生活全部重心，我在乎他的一舉一動，他像太陽閃亮，特別映照出我的渺小，在兩人的關係裡我患得患失，我還不懂得愛情裡最需要的是自己的獨立，我苦苦思索，只想找到讓自己好過的方法，後來有旁人追求我，我赫然發現處在競爭關係裡，他變得比較在乎我，我以為如果我也能讓他不安，他就會一直注意我。

此後，種下了我無法在感情裡專心的禍根，看起來也風流多情的我，看似膽大妄為，其實骨子裡是個懦夫，我不敢專心投入在一段感情裡，一旦發現自己過於專注，我就會想辦法讓自己「分心」，我害怕失去，害怕處於弱勢，害怕對方展露出對我失望的樣子，太多害怕使我分辨不了自己真正所愛，所有逃避的方式，都讓我的感情越來混亂，我以為可以用分心來轉移不安，卻又種下更多不安，演變成內心深處一個嚴重的缺失，我不敢認真去愛，以至於變得無能去愛。乍看之下，我總是處在愛情的強勢狀態，我是那個一定會先離開的人，而這些狀態沒有讓我真的變強，只是讓我在該專心時沒有專心，該離開沒有離開，該堅持時沒有堅持，十多年的時光，陷入一場又一場精疲力竭的愛欲糾纏。很多人愛我，卻無法讓我對自己更有信心，無法相信愛情，沒有能力維持一段安穩的關係，不快樂也不自由。

談過很多戀愛，卻在四十歲之後才真正開始學習愛，那是將自己連根拔起的過程，所有恐懼、不安、積習，所有我擅長的「求生手段」全都必須放棄，面對赤裸而脆弱的自己，奇怪啊一個人經過那麼多看似強烈的愛情，卻無法令自己多愛自己一些，長久以來我飲鴆止渴，將毒藥當作解藥，需要強力戒斷。

我一點一點學起，才知道倘若不填補自己的破損，不治癒自己的創傷，不設法寬慰自己經歷的傷痛，不找到可以讓自己堅強的方法，只想靠著愛情得救，想靠著逃避解脫，這些愛、善意、美好，反過來都變成令自己恐懼的來源，因為擁有就害怕失去，經歷過愛的美好，反而更畏懼失去後的孤寂，體驗過他人眼中的溫柔，更擔心失去這份關注。「不安全感」，簡單四個字，反映的是自己內心所有問題。

我夠好嗎？夠美嗎？我值得愛嗎？我可以擁有幸福嗎？這份愛是真的屬於我的嗎？

這麼美好的人會一直屬於我嗎？

他人的美好、關注、熱愛，到底可以為我帶來什麼改變，擁有了這些，我就會快樂嗎？如果因為這樣而快樂，那失去之後該怎麼辦？

「不安全感」像是從他人身上映照出的月光，照出的是我身上尚未長齊長好的自信，我還不知如何衡量自己的價值，也還沒有真確地理解愛情的真諦。

然而「安全感」這種事，是越怕越沒有，越小心翼翼越加速流失的，得找到那個不斷漏失的缺口，找到自信缺乏的源頭，不能只是拿個塞子蓋上去，用愛情止痛療傷。

分心無法減少你的不安，花心也沒辦法降低你受傷的機率，反覆驗證對方的感情以求安心可能讓對方更想逃離。處理不安，正如處理所有生命裡的問題，自己的問題得自己面對，總是讓你不放心的對象，只能認真思考「為何選擇了他／她」，倘若是過去經驗帶來「一朝被蛇咬」的疑懼，要知道不是每個人、每段關係都會有相同的發展，過去的經驗讓我們的徹悟應該是「人生無常」，而不是「看到什麼都怕」。若是那種沒來由的，不知何故總是使你惴惴不安的「對於幸福的疑慮」，「一旦把心交出去就可能會受到傷害」的恐懼，那麼更該重新衡量愛的意義。

愛情裡的信任並不是「什麼都信」、「相信他永遠不會欺騙我」、「愛是永恆」，而是學習在親密的過程裡，建立起自己的判斷力，學習面對一個人的優點缺點、並理解人的限制，透過兩人親密的互動認識到「愛的心意可以是無限的」，但「愛的能力卻有其限制」，我們只能相信對方的善意，當發生感情的變故時，不將之視為絕對的傷害，在面對挫折、失落、欺騙、傷害時，不會全面被擊倒，會傷害人的都是「情緒」與「認知」，對方的「變心」、「出軌」、「外遇」、「謊言」等，更多是為了「自私」，而不是「故意給我們傷害」，因為愛情不是依靠，情人更不是救星，倘若你自覺地知道所有的關係都存在著風險（生老病死，愛恨別離），應該在相愛、還可以相處時努力珍惜，藉由兩人的親密互動學習獨立，而一旦各種原因分別的時刻來臨，你要知道自己不會「一無所有」，愛情只是充實你生命的方式，不是人生全部，愛情的意外傷害了你對愛情的信心，但無法抹煞愛情存在過的意義。

多年後的我，我的不安減少了，少到幾乎察覺不到，我想是因為我不會再用「有一個人如何愛我」來定義自己的價值，我不再把「對方的喜怒哀樂」當作是我生命所有的風景，我慢慢建立起自己的世界，除了與伴侶共有的生活，還有屬於我自己的，事業、朋友、喜好，不會因為失去愛情就失去所有，更重要的是，我慢慢擁有愛的能力，並且懂得選擇有能力去愛人、能夠承擔愛的責任的對象，戀愛於我不再是「碰運氣」，也不再僅是「不能自已的衝動」，我可以專心去愛，不再需要用分心、轉移注意來避免傷害，我可以專心去愛，而不是掏空自己，越愛越怕。唯有真正專注投入一段關係之中，才得以在每一次的問題裡，慢慢修補自己，使自己完整。

內心戲

昨天因為買晚餐的小事跟阿早吵了起來，是近年來平靜生活裡難得的爭吵。

等我恢復理智時，只覺得自己的內心戲演得太厲害，都不知演到哪一齣了，弄得身體不適的阿早還要費心跟我講道理，反覆解釋疲憊不堪。前因後果要是說給大家聽，朋友們肯定也要覺得是我胡鬧。

戀人之間的陰錯陽差，有時顯現的並不只是誰對誰錯，誰無理，誰任性，更多時候我們會在自己看似迷途的言語舉措裡，發現自己的盲點，甚至是舊傷，看見自己費心隱藏的缺陷，以及走不出的迷障。

我個人的問題，一直都是在於「無法表達自己的意見」，只要身處關係中，越是親密的關係，越是在乎對方，就越變得怯懦，看起來好像誰欺負了我似的，可是我心知肚明，因為害怕衝突，因為總想當好人，因為不願意被對方發現自己的某些想法，有時我說話總是迂迴，尤其是需要做決定的事，比如去哪吃飯？吃些什麼？只要是關於兩個人的決定，我總是說：「你決定就好」，想要當一個好相處的人，希望讓對方快樂，或許也還有其他緣故，表面上唯唯諾諾，內心卻有隱忍與委屈，對親密關係是一大傷害。

話說從頭，我們總會從自己的成長背景裡找原因，父親太凶，母親習慣看父親臉色。這種說法四十歲之前還管用，可我已經四十五歲，還拿原生家庭、童年的事來當理由，「我又不是你爸爸」、「我也不是你媽媽」、「戀人關係不是親子關係」，更加惹人生氣。即使我們都知道，我們最新學習親密關係都是從與父母的關係而來的，從小建立的「權力關係」與「應對方式」一旦沒有清楚地意識，就很難拔除，反而容易複製到戀人關係裡。

年輕時做過一些叛逆的事，看來離經叛道，頗有主見似的，但那都是我個人的部分，只要涉及親密的人，無論家人、朋友、戀人，那個叛逆或有主見的我馬上消失不見，取而代之的，是一個我自己也無法掌握與理解的「爛好人」，所謂爛好人不一定都做對的事，為了使場面好看，為了避免衝突、紛爭，甚至為了不讓對方難堪、生氣或一大堆我自己也不解的原由，總之，我把自己隱藏起來了，但那個被隱藏的我，時常回過頭來咬我一口，於是，在不該叛逆的時候我才叛逆，我的主見只能發作在「變心」、「外遇」、「分手」之上，弄得無法挽回。

我這種個性，也使得戀人經常無法正確理解我，甚至用錯誤的方式對待我，日復一日，造成彼此的隔閡，甚至我的逃避、轉向，最後只得投奔他人懷抱。

但跟阿早的關係裡，我不想重蹈覆轍。我必須努力改變過去的習氣。

老師常說，要「愛之以德」，這句話看來抽象，也是我一直最難理解的，但是放在任何問題上都適用，首先要將自己與戀人都視為「成熟獨立的個體」，彼此間追求的是「自由」、「自主」的關係，既是成熟獨立的個體，每個人都必須為自己的選擇負責，我們要做的就是不給對方錯覺，也不製造「感情勒索」、「控制」，不以「我這樣那樣都是為你好」為藉口，也不要預設立場，真正為對方好的做法，是做出不讓對方有幻覺、幻想、不使他變得依賴（工具人與公主病是最好的例子），不以過度的討好、委曲求全陷人於不義，也不以「萬事服從」、「什麼都為你著想」來誘惑他人，這些容易製造對方誤解、造成依賴，甚至形成控制的舉措，都是看似好意，實則對關係有傷的，唯有將對方視為成熟獨立的個體，自己也才有機會表達成熟與獨立，才有可能進而發展成對等、獨立、自由的關係。愛之以德是，做對彼此好的事，增進理解絕對是比製造誤解更好的決定。別低估了對方的智慧與能力，也別錯估自己，只有正確地表達，才能達到正確地相互溝通，那些刻意為之的「隨和」、「什麼都好」、「都聽你的」，看似為他人好，實則是自己逃避負起責任。也躲避面對溝通。

說來有理，做起來卻困難。

該怎麼正確表達所思所想？該如何不將對方看做「過去經驗裡某某人的再現」，如何能好好面對「反對」、「挫折」、「拒絕」、「失望」，如何在自私與自我之間找到一種合宜的表達，在做決定的時候，如何釐清輕重緩急，如何適切表達自己的需要，學習與最親近的人協調、折衝，並且無論最後決定是什麼，都不因此傷感情。我常想，像我這樣怕衝突的人，可能是因為好勝、自尊心太強，看似唯唯諾諾，卻是最沒辦法接受拒絕，也不懂得退讓的（因為自尊心強反照的是自信不足，非常容易惱羞成怒），當雙方進入「討論」時，往往一下子爆衝，反而說出自我中心、甚至無理的話，因為沒有好好學習如何溝通，如何表達自己，如何理解他人，只在內心戲裡自以為地「為他人著想」，不但是怯懦，更是一種擺明了不想溝通（也不會溝通）的態度。「我什麼都讓你」，實則是以退為進，以為這樣對方也會替你著想，只要發現對方沒這麼做，反而容易失望與發怒。

有時我們看見的戀人，竟不是眼前人，而是我們心上出現的「幻影」，這幻影由幻覺所生，而幻覺來自過往的經驗反射、由自己內心的欲望與恐懼倒影，可能已經與本人相差甚遠，正如我們說出口的話語，經過包裝、美化、柔化，經過這樣那樣的「變形」，也已經難以表達我們正確的意思，戀人之所以需要大量的時間，長期、長久地相處，就是為了可以靠著更多的時間累積，有機會穿透「過往」的餘毒，真正傳達彼此的心意，那不僅是「愛」「喜歡」「迷戀」，而更多時刻，是透過互動、相處、對待，看見自己的恐懼、欲望、憂慮、迷惘有機會突破這些情緒的障礙，過往的陰影，進一步有能力去理解對方，達到真誠的互動。

分析起來我總覺得自己都懂，但這是獨處的時候，沒有他人的反應當鏡子，我還看不見自己的問題，我只能期盼透過一次次的爭吵，真正聽懂阿早所說的，可以分辨什麼是意見的傳達，什麼是辯論，什麼是討論，什麼是反對，什麼是拒絕，什麼是溝通，他需要什麼，不需要什麼，我想要什麼，怎麼做、怎麼表達。

而無論橫陳於我們之間的是什麼，都相信這背後有善意，這份善意絕不是要我隱忍自己，不是要我曲意奉承，百般討好，而造成自己的委屈，這些都是沒必要的，我們之間經過幾年相處，早就該理解對方，但我有時理解，有時不解，並非因為他沒有表達清楚，而是因為我還不夠信任，不夠自信，我還會被心中的噪音干擾。

內心戲並非都是不好的，有時，它是我們的良伴，可以在獨處時作為自己的反省、慎思以及情緒的緩衝，然而內心戲只宜在獨處時上演（用在創作上也很好），回到兩人相處，無論是何種親密關係，最好把內心戲關掉，也讓內心的噪音止息，戀人本身就是我們要傾聽、聆聽並且設法聽懂的，更何況我們還得聽懂自己，然後說出真正想說的話。

戀人之間所有的溝通都不會白費，但我們必須有勇氣承接、面對、理解、釐清，即便是看來像是爭吵的話語，用正確的方式聆聽，也是有助於相愛的。

冷戰

不要跟自己愛的人嘔氣，不要與他冷戰，倘若心中有情緒無法立刻與他交談，或因為不願意吵架而選擇冷靜，還是要找個方式表達自己的狀態，寫紙條、傳訊息，或是在平時彼此狀況都好的時候就要定下規矩，讓他知道「我現在狀況不好，需要一些時間，然而我並沒有討厭你，這些只是個人的情緒」，而在這段冷靜的時間，即使無法交談，也要盡可能表達善意（即使你非常想要讓對方知道你很憤怒），而非持續地憤怒，或刻意的無視，那些讓人生氣、憤怒的委屈，要設法化為理性的語言與對方溝通，即使需要時間，那也是兩個人才能一起做到的事。況且很多時候，那些可能都是誤解。

誰也不知道，在這些冷戰的時刻，會發生什麼事，愛不是必然的，愛人並不會永遠一定都會等在那兒，等你氣消，等你情緒變好，愛禁不起一再地冰凍，愛會受傷，愛人也會灰心。

在愛情裡不需要鬥氣、認輸，或者搶贏，能夠持續表達愛，即使在氣惱中還是有能力處理問題，使得彼此少受一點罪，甚至有能力扭轉問題，將爭執化為溝通的契機，這是一種愛的能力。

給自己時間，給對方時間，並且練習讓生氣的時間越來越短，讓自己即使在情緒中也有辦法用理性表達意見，不是低頭示弱，只是為了讓關係繼續運轉，無論用什麼方式，讓他知道：「你那樣做我很受傷」、「我覺得不舒服」、「我想我們之間有些需要討論的」、「我現在有情緒」……

可是無論如何，我想溝通，我期望我們變好，我的冷淡只是一種方式，我會回來的。

抱怨

作為情人或伴侶，時常面對的難題就是對方的「抱怨」，這些抱怨有的來自工作、人際、家庭。

情人為何要向我們抱怨那些「我們根本見不到、不認識、也無力改變」的人事物呢？同事欺負，老闆刁難，客戶討厭，還有眾多難以分類的生活上的麻煩，有些情人連找不到停車位都會抱怨半天，甚至大發雷霆，該如何看待？怎麼自處？

我想，這些抱怨都是個人問題，但既然把球丟給我們，也必須回應，可是大多數的抱怨，都只是情緒宣洩，聆聽即可，雖然不該把生活裡的垃圾丟給最親的人，但我們總是這麼做，也似乎只會這樣做，在外面受了氣，敢怒不敢言，只能回家發作。

有時聽了同仇敵愾啊，「告發他！」「跟他拚了！」「這種爛公司，乾脆辭掉算了」這種同仇敵慨只存當下，語氣應盡量緩和，只是一種感情上的支援，表示「我知道你受氣了，我支持你」，事後對方沒辭職，沒告發，任甚至還跟那人表現友好，可別太驚訝，也不要逼迫他──「那你下次就不要抱怨。」人生各有各的難，作情人的我們只應聆聽，或許給些建議，但還是靠他自己解決。

「如果不想改變，幹嘛每天抱怨，聽了很累，覺得很孬，好像連我都被欺負了」「每天回家好像都只有討厭的事可以聽，真的很辛苦」，對啊，這是相處上的難題，可能也是抱怨者與聆聽者需要的智慧（因為角色也可能會互換），比如兩人說好，一天可以倒情緒垃圾「五分鐘」，倒完之後，看是要理性地討論「有沒有改善的辦法」，或者就把情緒放在一旁，去做其他事，總之，這些從外在環境而來的情緒，盡量不要因為聽了之後反應過激變成了「下次別講給我聽」、「講了有什麼用」、「給你建議你也不會做」、「你又不支持我」、「你根本不理解我的壓力」，然後兩人爭吵起來。

一個人緊張，另一個人就放鬆，一人抱怨，另一人就當作是參與他工作上的一部分，因為沒有親眼所見，也不妄下判斷，只要表示「我挺你」的基本立場，是非對錯、如何選擇，那是後話了，得從長計議。

至於狀況不好時常抱怨的那方，也別因為伴侶的情緒而變得退縮，反而什麼都不敢說，造成兩人的疏離，而是要鼓勵自己從抱怨慢慢演進成「陳述」，除了負面的事，也要與對方分享工作上的收穫，並且陳述些生活裡愉快的事物，讓對方知道你的工作或交友也有「美善」的一面，誰都不願意只是承擔「情緒」而沒有任何收穫，兩人的相處是互動，彼此傾聽，彼此支持，也要彼此給予，沒有什麼事是理所當然的，自己抱怨完，要謝謝對方：「跟你說完好多了，我會仔細想想」、「謝謝你當我的垃圾桶，我會思考的」、「可以有個信任的人一起討論真好，謝謝你」。

我們在美好的事物中成長，也會在令人不快的事物中學習，情人與我們近身相處，最常接收到我們負面的情緒，而生命中有個這樣的人，並非是必然的，抱怨前，抱怨後，即使他意見與你不同，即使說完可能會有罪惡感，但，重要的是，我們是否透過這次的相處，又學習什麼，能夠通過抱怨，多理解自己，也讓對方理解你。

有些話該認真聽，但應當聽完就要情緒放空，讓他自己做選擇，情人的抱怨不會壞了你的心情，改變你對他的感情，因為這是情緒，都是一時的，這是聆聽者的能力。

談談愛情，也讓愛情有機會幫忙消化生活裡的殘渣吧！

吵架

有時也不知道衝突是怎麼開始的，簡直像是按錯一個按鈕，突然就轉台，變成你毫不熟悉的劇情，嚴重時，更像是你脫口而出某個句子，噩夢就降臨了。

氣氛越來越擰，想扭轉情勢，卻被自己的情緒控制，想要解釋清楚，卻又被對方的情緒激怒，兩人走在路上，卻已經不牽手了，你看著他越走越遠，想跑著去追，想大叫著從噩夢裡醒來，到底怎麼了？發生什麼事？怎麼會吵起來？該怎麼收拾？

有些積壓的情緒，有些沒有恰當說明的疑惑，有些舊事重提，有些是借題發揮，有些你自己的問題需要面對，都攪和在一起了，到底為什麼是這晚？此時？此地？到底為什麼愛情這麼脆弱？五分鐘前你們還牽著手剛從餐館走出來，一起看著公園裡的景色，談論著將來。

會不會將來沒有了。你害怕。

我是這麼糟的人，他為什麼會愛我？

可是如果他愛我，為什麼不包容我？

我們真的相愛嗎？相愛的人為什麼會大罵？

各種思緒互相糾纏，越攪越亂。

你頹然沿著他離去的方向遠望，想起那些失落的日子，你氣惱自己的口不擇言，但又覺得自己也有道理，但沒有說好的道理，就像畫歪了的線，變成了刺人的刀子，你氣惱自己的好強，在愛人面前，到底還有什麼必須辯解，他說那不是他的意思，你誤解他了，你說句：「不好意思，我誤解了，當我沒說吧！」「那前面的話重來一次。」有這麼難嗎？

完了，完了，這下該怎麼挽回？要如何修復？他若不原諒我怎麼辦？

不知道你們的愛情基礎有多深，不知即使在盛怒中，你們是否會想到分手？不知人的情緒對愛情的傷害到底會發作在什麼方面？可是你要冷靜。現在後悔沒有幫助，倔強沒有用？要爭一口氣，更沒有意義。

那該做什麼呢？

安靜下來，把自己的話仔細思量，把對方的話不帶情緒地想過，你會發現情人即使爭吵，那有故意想傷害對方呢？不過是自尊心作祟，可能是最近累積的疲憊、壓力、無力感想找出口，更可能你想要安慰，他沒用對方式安慰，你失望了，可能是你需要幫助，又不懂得如何開口，你期盼他能懂得，但故意說反的話，要人如何去懂？

可能會爭吵，可能冷戰？可能他會不理你？可能你們需要好幾天才有辦恢復正常，這是必要的，不要著急，不要為了急著和好而再激怒對方，不要因為害怕對方不愛你而故意要去刺探他。

夜風涼涼的，是思過的好時機，生活那麼難，你一定也經歷了好多難以言喻的痛苦，才把個性變得如此彆扭，然而，生命是你的，愛情也是你的，你才有能力努力的，一個夜晚無法就此改變你的性格，但，你還是可以決定讓傷害減少，有機會修復關係。

他不說話，就讓他安靜，你還有委屈想解釋，等往後吧，你擔心他誤解你，可都這樣了，辯解對事情有幫助嗎？不如想想好的時光，那些你們相互理解的時刻，那都是存款，是基礎，是現在賴以為生的營養，安靜下來，如常生活，你得先靜下來，才不會再度犯錯。

為什麼都是我的錯？為什麼我得先低頭？

不是這樣的。因為我們只能反省自己，修正自己，所以我們是為了成為更好的自己而反思、警醒。不是討好。

在愛情之中，偶爾會有這樣的時刻，不再往傷口撒鹽，不挑釁，不因急躁造成更大的誤解，都需要信任，信任什麼呢？

信任的就是你們愛過的時光，信任這個你深愛的人並不是朝三暮四的人，相信他也正在用他的方式幫助你們度過難關，信任你這份想要讓自己更成熟、更懂得愛人的心意，你是可以自我更新的人，你不害怕付出，不畏懼受傷，信任這一次跌跤，處理得好，對你們都是幫助。

那麼就不把冷戰當作冷戰，不把他的沉默當作討厭（好吧，他可能真的討厭了你一個晚上，可那又怎麼樣呢？），愛情是一種修煉，即使對方不在場，你依然可以繼續修習。

勇敢的，冷靜的，度過這些相敬如冰的時刻，等到機會來了，也毫不遲疑地對他說：「對不起。我不該說那樣的話。」簡單地道歉，不辯解。他會懂的。

可是傷害需要時間，你得耐心地，再等待，繼續等待。要信任。

在心裡記下這一筆，往後，惡言出口前，深呼吸三次，想想你是多麼捨不得讓他傷心啊！

爭執

過往少數幾段同居生活，失敗的原因都不在相處細節上，可能因為感情危如殘燭，忙著處理危機、來不及進入磨合階段，跟我一起生活過的人，可能因為讓我或怕我生氣，很少對我有所指責或批評，我雖知道自己處理現實生活的能力極差，但還不知道有那麼嚴重，後來更因為獨居久了，即使每日跌跌撞撞，在自己的小行星也運轉得頗自得其樂，我更不會知道與其他人生活在一起，需要如此多的折衝、妥協與改變，直到跟阿早結婚，最初，他被我林林總總的日常生活的低能驚嚇，我也為了自己竟然如此「無能」感到挫折，每日大小衝突不斷，直到現在，在生活細節上，我們天天都還在磨合。

過程裡最令我感到困惑或痛苦的，往往是「什麼才是對的」、「到底應該依照誰的標準」，以及，被指稱「這樣很不好」時心裡難掩的委屈與挫敗。

沮喪的時候，我也時常會想「或許他適合一個更賢慧、更會理家的人。」（但阿早內心的感受一定是：不，我要的只是最低標準！）對於自己的雜亂、不善收納、丟三落四、粗心大意，造成他生活上的困擾，也有極大的挫折感，更有生活受到拘束、處處碰壁的無助。

這似乎是很難找到平衡的事，一個酷愛整潔、秩序、美感的人，碰上一個粗枝大葉、生活漫不經心的人，一方是感覺自己老是在收拾殘局，「為什麼連最基本的事都沒辦法注意」，另一方則覺得「我真的已經盡力了啊！」天差地別的兩個人，偏偏想要生活在一起，可是生活在一起了，造就的卻是彼此的隱忍，這真是愛情裡最無奈的處境。

悲傷時我會哀嘆：「我已經四十幾歲了，改不了了，怎麼辦？」真的不是不想努力，但有很多事我就是視若無睹，我必須要小心又小心，努力再努力，簡直像猴子學把戲一樣，反覆演練，但時常還是做得不好。

但是我愛他，既不想因此分開，更不願意讓他總是失望。該怎麼辦？

但心理強壯時，我可以看得明明白白，我能夠冷靜地想，或許那些看似抱怨、不滿，或看起來像是要求的言語，背後透露的，並不是一種「指責」、「教訓」，而真就是一些無關情緒的「說明」與「幫助」，他是真心想要幫助我成為一個生活上更好的人，以便我自己的生活裡，也可以得心應手。倘若我能夠去除自己的「自尊心」、「愛面子」、「討厭被指導」，我能更客觀地看待阿早想要傳達的訊息，有時是一種「擔心」、「焦慮」，有時是因為他的狀況也沒那麼好，無法更有耐心，或者，他也焦躁於老是一直要數落別人，卻又沒辦法睜一隻眼閉一隻眼，有些習慣真的對他帶來困擾，對生活造成不便，他只是想要指出這些，並不是在「罵我」。

倘若我更有力量，我應該向看待自己其他怪癖那樣，笑笑說：「對不起嘛！」「下次改進！」「我記住了！」「這樣做真的變得比較好！」或者溫柔地堅持：「我的房間跟書桌麻煩你假裝沒看見。」或調侃自己：「你簡直是跟一個怪怪大叔住在一起，辛苦你了。」

我能夠清楚明白，整齊乾淨與雜亂無章並不是價值的高下，而是，愛整潔的那個人確實會為雜亂所苦，但雜亂的人卻鮮少為整潔所困，於是愛整潔的那人，看起來就像時常在抱怨。雜亂的那人則看起來就像老是犯錯。

這樣的兩者，必然無法共存在同一空間嗎？到最後大家真的只能「各住一層樓」或者回到各自「一人的生活」嗎？除了忍讓、委屈、折衝，一個人老是不滿，另一人總是倍感委屈，除了分開住，沒有其他辦法嗎？

我想，這些衝突的背後，透露的可能更多的並不是生活細節的價值觀的落差，或彼此真的已經達到「再也不想改變什麼了」、「我真的累了」的極限，而是，透過這些生活的落差，正在透露出「我對生活感到不滿」的訊息，而這份不滿，可能在於生活、感情、情緒、親密、工作、人際任何方面，生活如此艱難，伴侶只是我們唯一可以向他表達不滿的人。

生命充滿無力感，伴侶，是少數我們可以安心要求「可不可以改變一下」的對象。

放大解釋，這些對於生活細節的「過度要求」或「過度漫不經心」，代表的都是這個人目前生活的處境。是不是出狀況了。這是不是一種求助？

沒有誰對，誰錯，誰比較優秀，誰做得更好，更不是「應該依照誰的標準生活」，而是，「我們目前的生活是否出了什麼問題」，這些訊息該如何解讀，除了吵架、焦慮、逃走、放棄，我們還有什麼辦法可以互相幫助？

我們為何要與另一個人生活在一起？我認為，絕對不只是因為想要找個同類、過上某些舒適、習慣的日子，也不是要找個生活道具，讓自己彷彿一個人生活那樣，過著跟原來一模一樣的生活，只是身邊有個不吵不鬧的伴。成為伴侶的目的，不只是相伴，還包括透過這個「與我們截然不同的人」，得以看見生命的複雜、豐富，透過與另一個「天南地北大不同」的人，發現世界的繁複，以及自己還有什麼可能。透過這個伴侶，讓我們有機會更大膽一點、勇敢一些、有機會透過這份親密直視生命的困境，看清自己內心的缺陷，學習表達自己的心聲，並且練習如何面對挫折、指責、要求，如何與他人真切地溝通，如何在這些過程不傷害自己，不傷害他人，不落入虛無，也不變得自棄。

這些都非常困難。

正因為這麼困難，所以才要愛情這個充滿魔力的前提來幫助、支撐，正因為這麼困難，所以我們時常會被誤導、引誘、走岔路，落入陷阱，甚至走向放棄。

到底是算了吧我們合不來，還是趁早死心，還有機會追尋其他符合自己生命情調、生活起來比較容易的「同道人」，還是在充滿挫折的磨合中繼續跌跌撞撞地同行？到底應該無拘無束地自己一個人生活，還是無論如何都堅持要找到相處的方法，繼續著同居的生活？

我想，還是要交由兩個人做決定，而且最後可能一個人就足以做出抉擇。

只是，在我與阿早這份看似美好、卻又充滿挫折的關係裡，我們確實是相愛的，還是希望鼓勵自己，不是因為害怕孤獨，不是為了貪戀陪伴，不是為了軟弱依靠，過去與未來，如果我們終將孤獨，那麼在還有機會的時候，在我們除去爭吵時，還喜愛著對方，還感受到彼此的獨特，還能從眼前這個人身上，感受到曾經感受過的珍貴，除去那些生活小節的摩擦時，我依然那麼喜愛他，我曾經深切理解過他，也還願意繼續理解。我就願意放下脆弱的自尊，放下那些虛張聲勢「我就是這樣」的宣言，我盼望自己可以從這些那些爭執、辯論、不滿、摩擦中，解讀出關於戀人心中真正的呼喚，那可能往往只是傾聽、理解、並且試著不那麼容易惱羞成怒、不那麼容易劍拔弩張，不過度解讀，不立即產生對立情緒，就會產生完全不同的解讀。那些，背後都還是戀人的話語。

我盼望自己真的可以更勇敢、無畏、堅強地，面對我們共同生活裡出現的差錯，以及我個人還可以改善的部分，盡自己最大的努力，為這份生活，做出一些真正的改變。

改變

倒不是覺得過去如煙，不記在帳上，但跟以前的情人相處，我從沒經歷到與跟阿早之間的「艱難」，以前好像都是愛不愛的問題，愛了就拚命愛，不愛了就離開，那愛情總像幻影，像泡沫，定時破滅。

著眼點都在「如何愛下去」、「怎樣才不會變心愛別人（我或對方）」、「下一次不要再逃走」。

我們或許因為一開始就定了盟誓，要盡力到不能夠為止，我這人容易用力過猛，大概三個月之後就出現了「被現實衝撞」的無力感。

逆境裡愛起來特別強烈，也特別容易激發戀人們的愛，反倒是同居之後的承平時期，心都落定下來了，兩人的個性、背景、嗜好、價值、生活習慣，甚至是美學，透過生活裡各種事物每日地考驗，看起來真像是在消磨愛，那時一直困擾我們的，是「家務」的問題。

以前一個人過日子，能吃飽，有寫作，就是好日子，滿心滿眼只有讀書寫作，倒也不覺得自己有什麼奇怪，跟阿早住一起之後，才知道自己生活亂七八糟啊，是個生活白癡，「被騙了」他老是笑，「沒想到是個怪怪老婆婆」，我沒有被騙之感，卻有種「恍然大悟」，兩個截然不同的人住在一起，真是災難。該怎麼辦？

誰清貓砂，誰倒垃圾，誰洗碗，誰買菜，誰洗衣服，以及「多久一次」（可指稱任何事），「照誰的標準」，我納悶問阿早，為什麼兩人住在一起，「家事」變得這麼多啊？「因為以前你很少做，」他說。我覺得是因為房子大，兩人份的衣服，兩人份的垃圾，兩人份的灰塵，分配給其中一人操作，當然顯得累，但如果住在一起還要你洗你的衣服，我擦我的地板，實行起來又會有浪費資源的問題，雖然我知道也有人真是這樣做的。

我是貨真價實地上了兩年「家事課」，從內心的「輕鬆一點比較好啦！」「不用那麼講究啊！」到「我就是不會分類啊！」「我喜歡桌子亂亂的啊！」「為什麼不可以這樣放？」……小口角，大爭執，不時上演，曾經讓我覺得「阿早應該適合更賢慧些的女孩」，甚至想黯然離開。

吵架的時候，每個人都覺得自己對，都感到委屈，都認為應該改變的是對方，我也曾這麼想過，愛是自由，難道我不能擁有「凌亂」的自由？起初我只是虛應故事，做表面文章，希望表現好些，以免造成爭執，內心並沒有真正接受，也無法說服自己，為何我要用不是我的生活標準過活？

我想，我是慢慢理解阿早為何喜愛整潔、秩序以及東西少少的屋子，那樣的生活狀態，對他有什麼重要意義，等我真的理解後，那些生活上的改變，對我來說就不是大問題了，我們總是想要愛的人快樂，願意花錢送禮物，請大餐，費盡心思設計什麼「驚喜」，那大多是因應我們自己的猜想，我們「用自己的方式去愛」，卻很少想過對方真正的需要，尤其那需要如果又跟我們自己的需要牴觸，我們就視而不見。

我的大原則是寫小說，那麼撥一點時間把東西放回原位，放一些心思在家務上，並沒有牴觸我的原則。

我開始一點一點跟阿早學理家。

真的理解他之後，發現他也並非不顧慮我的，家裡的動線都是以兩人生活最舒適的方式設計，他要在整潔的屋子裡才覺得自在，我也沒有非得在髒亂的屋子才感到安心啊……

家，是住在其中的人共同創造的樣子，我的適應力強，不怕調整。

我是結婚之後才開始學習愛人的，因為對我來說愛情不再只是「愛」、「欲望」、「安全感」，還包括一種理解力，一種同理他人因此可以自我修正的能力，這需要能力，需要更強的自信，穩定的自尊，以及充分的尊重，我想我終於活到不需要那麼多「說不上為什麼的意氣之爭」來證明自己的階段了，我可以忍受批評，不認為那是對我個人的指責，我願易調整，可以改變，能夠學習，都表示我內在已經變得更充實，不害怕外在的改變影響自我，甚至，我歡迎這些對自我的討戰，那擴大了我的生命的可能。

我們為何為了愛人改變自己？那不是因為討好，也不是為了避免衝突，甚至也稱不上妥協，而是在自己的能力範圍，再擴大一點，更主動去付出，做一些「真正對對方有益的事」，那心情不是委屈，也不是納悶，你很清楚你在做什麼，你從一個只專注於自己事物的人，變成了也可以關注他人需要的人，你從只用自己的標準衡量，變得也可以將他人的標準列入其中，你覺得自己變了，但那改變並沒有削弱你，反而使你變強。

正確說來，當你放下自我的局限去愛，愛情也就擴大了你所存在的世界。儘管，那看起來只是一些「誰倒垃圾」、「誰去洗碗」的問題而已。

相處

二〇〇九年結婚，二〇一〇年底我與早餐人才正式同居，開始共同生活，一起生活後不久，逐漸發現彼此的相異之處真是太多了，花了幾年的時間磨合，到了二〇一五年底某次爭吵後，我突然「頓悟」了，原來許多眉眉角角，去除自己內心對對方的投射、猜想，這些年我們已經磨出了默契，也培養了一起生活的節奏，我們雖是個性相異的人，卻可以微妙地找到平衡，和諧地共處。

我想，最重要的一點是，我們都能在一起相處的時刻，感受到獨處的自在，這是漫長時間一起琢磨出來的，一個人在看電視時，另一個人可以自在地看書，我們都知道什麼時候要壓低音量，何時要戴上耳機，有些時候某些聲響就像是生活的背景音樂，可以自然地忽略，當一個人需要安靜、專注時，另一個人若不是悄悄地到另一個房間去，就是自然地也做起需要安靜與專注的事，你會知道開始一個話題時，大概何時需要停止，如果因為太急於分享、沒注意到對方的疲憊或有其他事要忙，對方會提醒你「我現在沒辦法專心聽」，或者過後自己發現了趕忙說聲「不好意思」，不會因為這樣而惱怒。

「需要我陪你去嗎？」「要幫忙嗎？」「我一個人去就可以了。」「如果你陪我去就太好了。」這些話也能夠不害羞地說出來。

我們的生活非常簡單，但也夠忙碌了，除了各自的工作，都到了身體需要某些程度的「修整」的年紀（當然我的嚴重些），工作之餘，花費很多時間在就診、復健、運動，有閒暇時，最開心的就是各自去運動，或一起去走路，偶爾我會陪阿早去打球（他去打壁球時，我就到健身房運動），或各自去上課，晚上阿早做一頓健康的晚餐來吃。

既不勉強也不期待對方為你做些什麼，凡事不必非得都要兩人行動，然而一旦兩個人一起，也盡可能讓彼此感到自在，生活中最好的狀態是，我們都把自己照顧好，也讓對方有餘裕把心思放在他自己身上，於是真正在共度的時刻，兩個人都像是充分伸展開的茶葉，可以獨處，也可以相處。

我們既是自己的重心，也可以成為對方的支柱。

倘若我們沒有熬過那些困難的磨合期，不可能體驗到現在相處的流暢，而現在的流暢，也不意味著永遠的平順。許多事是沒有努力嘗試過沒有機會體驗的，我曾經以為自己是跟誰都相處不來的人，我曾以為平靜的生活會扼殺創作，我以為安穩地在一個人身邊我會感到窒息，然而這些都是過去經驗造成的錯覺，當你度過關係的表層之後，當愛情關係把你身上的硬殼、偽裝、防衛都剝落時，當你因為必須深刻理解、陪伴，而打破自己的慣性，一段長久深入的關係會使你到達自己心靈的深處，因為有許多黑暗角落藏匿在意識褶縫，只有通過關係裡的推擠、碰觸才可能顯露，那可能是一個人苦思冥想時也無法經驗的。親密關係不會消滅或損傷自我，良好的關係甚至可以幫助你更深入地看見自己的損傷、從而有機會修復自己。

愛要即時

明天要出國，下週回來，這幾天忙著把手邊的工作一一完成，工作這回事，有時是越做越多的，再怎麼準備也總感覺不夠充分。到今天中午，終於可以收拾行李了，倒了垃圾，收衣服、洗衣服，沒忘記再三跟饅頭叮嚀：「媽咪這幾天不在家，你要乖，半夜不要亂叫。」據說我不在家時，他時常跑到我房門口叫，我平時寵他，夜裡他肚子餓總是把我喊起來，為了怕吵到阿早，我只得半夜起來餵他，這是以前三花還在時就養成的壞習慣，真是錯誤示範。

下週回來後，一定要好好地休息，這一年真是累壞了。

「普通人真的沒辦法跟你在一起。」昨晚阿早對我說。

「為什麼？」我問。

「你看你過的什麼生活？哪有人同時做那麼多事？忙成這樣子。」他說。

「還好吧！我都分配得很好。」我有點心虛地說。

「幸好我很獨立，不然早就耐不住寂寞……」他笑答。（耐不住寂寞會怎樣？……我很好奇。）

「你很寂寞嗎？」我問。

「很寂寞啊！」他無奈地說。「你總是在忙，總是要我等……」

「對不起啊，之前真的太忙了，要改進。」我說。

「要專心生活，認真面對身邊的人啊！」阿早說，「這樣生活才會給你養分，回應到你的作品裡。」他說。

「我現在有進步了吧？我以前都沒生活的。」我問。

「你老是心不在焉的，不用心。唉！」他說。

「可是我覺得我進步了，我以前都是在電腦桌前一邊打字一邊吃早餐。」

「還敢說，現在不盯住你，你也是會把早餐拿到電腦桌吃啊……有時我都還沒吃完，你已經把盤子拿走了。」

「我……」他說的是事實，我不敢爭辯。

「好好吃飯，好好生活，才可以好好工作。」阿早說。

「要好好跟我相處啊，不要做表面功夫。」

「我有做表面功夫嗎？我都是真心的。」我辯解。（感覺自己好像那種花心大少在欺騙小姑娘。）

「有啊，都做做樣子、虛應故事。」

「那這次回來以後一定改進。」我嚴正地說。

「最好是啦，說一百次了……」他又笑了。「幸好我很孤僻，不然怎麼受得了你。」

「但是你不在的時候，我會很想你。」他說。

「一眨眼我就回來了。」我說。阿早很少這樣子，我覺得心疼，就在沙發邊陪著他。「最近比較脆弱。」他說。啊，我真的太糟糕了啊……該怎麼辦呢？泡茶？按摩？捶背？刮痧？我慌忙問。

「不要動來動去，又跑掉就好。」他說。

是啊，就這樣安靜下來，讓時間停在這兒一會吧，好像有很多事必須完成、亟待完成、好像有很多事都是我必須去做，非我不可的，但此時，只有這張沙發，難得對我展現脆弱的阿早，以及在箱子裡的饅頭，才是我應該關注，應該用心的，我覺得時間像是突然靜止了一般，連我都幾乎感覺脆弱了，對啊，一份愛的維持多麼不易，一個家，一個小小的世界，一份看似穩定的關係，是需要心力維護的。愛人不是港灣，只有你休憩時才停靠，愛情不是避風港，讓你忙完累完回來修整自己。不只是這樣，愛情正如我一直在努力做著的那些事，有很多片刻，過去就沒有了，有許多時光，翻翻翻，很快速地翻過了，愛情就被磨損了。愛要即時，不能總是被耽誤。

我們就這樣靜靜靠著，「不要難過，我會陪你的。」我說。聲音輕得像是耳語。

我知道阿早不是在怪我，也不是在要求，他只是提醒我，一份愛需要兩個人的努力，我不能總是不在場。

我不能總是不在場。

愛也可以是這麼簡單的事，我們想的往往不是自己的需要，而是如何與他一起成長，愛裡沒有索求，因為我們其實可以自我滿足，但有一個人來到你身旁，你的世界會擴大，你會生出自己都沒想到過的力量，你可以從一個堅硬，封閉，自苦的人，變得對他人有益，你可以讓他快樂，就像你一直盼望的那樣，愛並非只有痛苦與傷害，你不是一個對他人有害的人。

對啊，關於愛情與婚姻認真堅定的學習，這過程早已將我轉變，我知道我可以快樂，也可以給別人帶來幸福。

分離

有一種分手最令人感到矛盾且難以釋懷，好像昨天還過著平靜而快樂的生活，今天卻發現我們只知道對方的一小部分生活，你以為自己擁有的兩人世界，其實還有另外一個人。

如果不去介意，生活似乎還可以繼續快樂，但是卻無法不在意，心中升起的被剝奪感日益嚴重，你弄不清楚事情的來龍去脈，他說得越多你越痛苦，知與不知都令人傷心。他沒有要分手，也沒把握改變得了自己，你不知怎麼辦才好，撇開那件事不談，他還是那麼好的人，博愛而濫情，如果只是朋友，你想著，如果當初只是他的朋友，今日就不會遭到如此的打擊了。

但是為什麼呢？為什麼只是朋友時，你可以接受他的多情，你可以理解他複雜的愛情觀、驚人的戀愛經驗，一旦你成為他的女朋友，什麼都改變了？

你也不要自己變成這樣的人，猜疑，嫉妒，「憤怒」甚至到達「怨恨」，你氣惱他把你從單純帶到他複雜的生活，那曾經如何豐富你的，如今也就多麼傷害你，你埋怨他明知你專注執著，卻半途將你撇下了，你甚至惱怒於世界的不公，為什麼花心的人過得輕鬆，專情的人卻要因此受苦？這些那些念頭，日夜將你纏繞，你知道你應該離開他，你表面上做的都是離開他的動作，但心裡還隱藏著什麼，眷戀？依賴？恩愛？不捨？或者只是頭腦轉不過來，不知該如何跟他做朋友。

你就是走不開。

有一段時間，你專心尋找他的缺點，過去現在未來，把足以傷害你的可能都找出來，羅織成一張長長的「罪狀」，但你這麼做的時候並不快樂，你心中有一部分依然相信著你們曾經相愛，你沒有看走眼，他曾經愛你，你知道你們曾有過美好的日子，你不願意為了離開他，把他打造成「十惡不赦」的人，但是，該如何看待他？為什麼「不忠」是這麼令人受傷？為什麼「欺騙」足以將過去的美好摧毀？你有好多不懂。

後來的那段時間，你忙著找尋自己，設法與他保持距離，然而，這樣又使你孤獨，使你陷入孤立的境地，最後反而變得更需要他，你們在已經談好的分手期限，慢慢地試著分開，你感覺自己一分為二，有一部分已經心死，另一部分卻還頑固地愛著，你忙碌於安撫自己，與自己對話，忙碌於對抗每日增生的「最新劇情」，生怕一個不留神，又會粉身碎骨。

「分離」是一個過程，它可能會拉得極長，長到你以為永遠也走不出那樣的痛苦，長得像是永夜，天光不來，噩夢不走，「分離」考驗的是你最核心的信念，你得有個理由離開，除了埋怨、憤怒、痛苦、傷心，你不知道還能怎樣離開？你想你真的是很愛他的，愛得像讓分離變成一種骨肉剝離的痛楚，為了逃避那種痛，你必須少愛他一點，你擔憂自己再也無法相信人，再也無法這麼愛著誰了，所以有一部分的你始終徘徊不去，有時你甚至以為，失去這份痛苦，也就失去他了。你回想起與他共同的生活，畫面都變得模糊，到底是什麼使你留戀？到底是什麼令人痛苦難當？到底發生了什麼事？

分離是需要學習的，要給自己建立一套支援系統，過去因為兩人生活忽略的、毀壞的個人世界要重新尋找回來，你自己的喜好、你的住處，甚至你自己的朋友，好長時間裡你幾乎只跟他的朋友往來了，你做他喜歡吃的食物，穿他喜歡的衣服，做著與他共有的夢。我們生下來就是在學習剝落依附，邁向獨立，然而，愛情總是把我們打回原形，讓我們抓取最需要的，忘卻了還要繼續學習獨立。

人是可以不恨一個人，也能離開他的，可以不將他的優點全都忘卻，也能夠選擇離去，人是可以在還愛著的情況下，透過自己的力量，毅然選擇獨立，但這些都需要能力，需要在無論單身或有伴的時候都謹記著，要擁有自己的專業，自己的喜好，要發展自己獨處時也能感到自得的生活模式，與一個人相戀，並不是要把生命的重擔都託付給他，自然，當必須離開，或被迫離開時，你不用毀滅自己，更不需毀滅他人，不需要找到替罪羊，不用抓出加害者，愛情本就是自由、自願的結合，可以不用你死我活來進行選擇。

離不開，是自己的問題。

或許，保留最後一點美好的感受，知道彼此仍有善意，只是大家選擇了不同的道路，你可能痛心於你別無選擇，好像是他或其他人破壞了你平靜的生活，然而，生活總是變動的，破壞隨時會來，要擁有無論如何都能堅強度過的能力。

選擇愛、自由、尊重，選擇面對「暫時的痛苦」，重新審視自己比退回舒適圈暫時顯得辛苦，但這是必要的學習，可以原諒，但未必要走回頭路，當然，如果思慮清楚，兩人願意重新來過，也是一種選擇，但不是基於怠惰，也不是因為逃避分離。

在種種會造成更大的損傷與破壞的情況下，你還有所選擇，即使必須一無所有，人生從頭開始也是一種選項。

愛情無論走到何種結局，你或許會發現，選擇了不自毀、不毀人、不自傷也不自棄的那條路，才是你一開始想要的，你知道，這場戀愛會帶給你成長，即使可能要大病一場，可能逼近懸崖，最後你會慶幸自己沒有選擇毀滅那條路，因為即使分離了，你還是保有了自己心中最珍貴的價值。

前女友

以前的我不善交友，我所有的好朋友都是我交往過的人，似乎只有與之戀愛過，才可能知心，所有曾經燦爛過、美好過、悲傷過，甚至以激烈方式分手的對象，彷彿因為不可能繼續了，在我生命裡留下一個奇特的位置，他們以「好友」的方式繼續存在我的生命裡，為孤僻的我，保留著一個友人的名額。一處可以投奔的灣岸。

很長時間裡，我未曾深思此事真正的意義，反而視為理所當然，愛過永遠不會離開，任我繼續在情愛裡浮沉，繼續一段又一段愛情的逐獵，讓他們開玩笑說：「你這裡是好人訓練班。」我們斷續地來往著，看著彼此各自有了新對象，有些時候，四人相見，各有新歡，還覺得我們很獨特，有能力跟每個舊情人當朋友。開玩笑說將來婚禮（或喪禮）上，會有一桌特別註明：「前任們」。自鳴得意。

我沒想過，維持這些友誼，讓我們彼此甚至對方的現任都付出了些代價。

直到後來S的現任女友明白告訴我，不喜歡我的存在，不喜歡「前女友」密集出現在生活裡，感到不舒服，起初我與S還帶著「我們兩個根本不可能了」的心態質疑他的「多心」，四人見面不可能了，我跟S偶爾通電話，竟帶著無法對人坦白的幽微。

我慢慢思考自己為何招人厭，為何明明朗朗的「友誼」受到質疑，我才赫然發現自己竟然那麼依賴某幾個特定的「前任」，那種依賴帶著某些「特權」，彷彿我知道雖然戀情已經過去，但我在他們生命裡仍占有重要地位，我還希望延續那種影響力，我仍渴望著被「變換形式地愛著」，而對方可能也還因為某種緣故，即使我們不可能出軌，但那確實是一種因著過去遺憾而變換形式的「舊愛的延續」，當新的對象加入時，我們雖然抱持著「彼此已經像親人」一般的心態來往，然而，卻忽略了我們的過往仍處在一種互相依賴的「未完成式」，我們還沒真正走到愛情真正的昇華、轉變，可以安然相處，甚至可以「不相處」的狀態，我猛然發現自己因為擁有這幾個比知己更親的「前任」，這種變形的「友誼」，我也不懂得如何跟一般朋友往來、交心，因為還有比曾經愛過你、恨過你、最後依然與你友好的人更為可信？對一個怯懦於交際的人而言，過去的戀情、往事、回憶、變成避風港，前任，成為最佳的好友，全然不知這樣對於四個人都造成「生命無法前進」的損傷。

原來我不曾真正放手。

醒悟到這些，經過了很長時間，我彷彿又經歷一次一次真正的分手，將那些我視為「摯友」的前任一一地從緊密的往來，從那種「我知道只要一通電話你就會來」的默契，漸漸清除，我必須還他們自由，也才能使我自己從那些依賴裡脫離，那是一段非常漫長的過程，那甚至比分手更痛苦，原來我心裡仍有無數的不捨，仍帶著「我知道我不可能維持一段長久的戀愛，但我需要恆久的愛」的心理，貪戀著那些未完成、也不可能繼續的愛，我沒有走出過去，也無法邁向未來。

幾乎到了跟早餐人結婚後，我終於完成了將每一段關係全部收尾做結的歷程，原來真正的分手不只形式上、名義上的，還有心理上，實質生命意義上的分離，某些人，還是「我們」的朋友，偶爾會出現在我與阿早的生活裡，某些人，我們不再相見了，某些，只是斷續地聯絡，我自己的身邊，也逐漸擁有了幾位共度過許多困難的患難之交，也有可以一起吃飯、運動、說心事的「家庭好友」，也有往來雖然不多，但彼此相知的「同伴」。我的生活逐漸擴大了，我不再緊緊抓住往事過活，不再以為那些存在於生命中或長或短、但分量足夠的戀愛，一旦結束，生命就像失去了某一塊，無法完整。

我與那些人的愛，終於完成了它們自己的生命輪迴，真正被保留在記憶中，有些日漸褪色，有些變得永恆。

我們都必須放開手讓對方前進，好讓已經結束的愛情，不會變成包袱、拖累、舊傷，而真正成為生命裡美好的祝福。

我想我終於不再是討人厭的前女友了（應該是吧），我懂得封藏那些往事，收斂回憶的頻率，分辨自己所在的位置，我想，那些被我愛過、愛過我的人們，也終於像卸下生命裡一個沉重的包袱那樣地，可以將我歸類為「曾經愛過的人」，我們不再為喪失苦痛，不再沉溺於往事，不為遺憾而懊悔。

正是因為深刻愛過、相處過，所以可以勇敢走出舊愛的保護範圍，讓彼此都能敞開生活，得到自由。

然後可以深深地理解那句話，「不愛也是一種愛」。

陰影

你說你目前戀愛的對象有過一段長達十年的戀情，分手後他們仍是工作夥伴、生活上的朋友，他們依然掛記對方，他們擁有的回憶甚至發展出「默契密語」，突然在對話裡出現你根本聽不懂，你們才開始一年多的戀情總像是活在龐大的陰影裡。

「我永遠也無法追上他們，他們已經有十年的基礎了。」

「或許他最愛的人根本不是我。我們到達不了那樣的深度。要怎麼去跟一段充滿了遺憾的戀情相比？」你悲傷地說。

前女友的效應，有時質問我們的，是對愛情根本的信仰。

怎樣才是愛情？他（或我）還有能力那樣刻骨銘心地再愛一次嗎？會不會最好的愛已經在別人身上發生過了？是不是快樂的現在比不上痛苦的過往？（痛苦總是比較深刻？失去的比較珍貴？）

為什麼前女友總是我們的陰影？

六年前與阿早重逢之初，我也剛從一段近三年的戀情裡退出，我與阿早愛得火熱，卻經歷了很長時間的「前女友效應」，我們與各自的前女友都有著剪不斷理還亂的「問題」，幾乎花了兩年時間才處理得宜。

我們戀愛的最初期，生活裡隨時有炸彈，在我這邊，雖然已與前女友分手，卻還殘存許多傷害未清，是那種兩人心裡都還因著埋怨、苦楚、不捨、憤怒、悲傷等情緒反覆糾纏，只要電話聯絡，三句話就會引發爭執，起初，我總是想著「不在一起也可以做朋友」、「我還會是你的親人」，希望可以「變換形式」地關心著彼此，然而那些以善意出發的念頭，卻被尚未處理完畢的傷害扭曲，變成傷害的延續，我以為自己已經「諒解」，卻是只要一聽他有所抱怨就會大動肝火（外遇的是你為什麼總是怪我），生氣過後又是內疚不已（但他好像比我更痛苦），感情的是非對錯已經難以辨別（究竟是我的冷漠導致他另尋安慰，或者是無論我怎麼做愛情來了我也阻擋不了？）但內心深處的不滿與痛苦無法因為「理性」裡好聚好散的願望而消除，終於有一天我不再接聽他的電話，不再回信或訊息，就單邊把關係徹底切斷。

事後我才能冷靜地想，在那斷續來往的時光裡，我還有所依賴，因為與阿早尚未同居，對他信賴不夠，某些時刻的我，還活在過去三年與前女友的生活習慣裡，習慣總是令人安心，心裡缺乏安全感的時候，即使是壞習慣也想抓住不放。

平心而論，無論誰錯誰對，外遇是關係的病徵，我們卻只看見它的罪狀。即使我與前女友並未對彼此有恨意，然而在過程裡彼此帶來的傷害，卻非一夕可以消除，我在那段時間裡深刻感受到自己過往二十年的戀愛經驗，並沒有教會我「安全感」該從自己心裡生出，而「依賴」是關係的最大殺手，因為害怕寂寞，恐懼孤獨，我總是在一段關係尚未完全處理完畢的時候，又開始了新的關係。

很多人都這樣不是嗎？要結束一段難以結束的關係，用外遇；要忘掉一個想要的人，靠新的戀愛。前女友的誕生，不是背叛、就是被背叛，不是傷害，就是被傷害，不是自願，就是被迫。所以才會陰魂不散，才會效應迴盪，因為我們無法僅靠著「改變關係」就讓情緒、感情、自尊、自信復原。

但，那總是自己的事，即使一開始像是兩個人可以憑藉著愛情化身的友誼互相擔待，然而，那需要時間、空間，需要更多因為時空拉長拉遠而造成的

「冷卻」，讓自己有機會獨自去想，去消化，甚至遺忘。

起初我覺得自己很殘忍，但很快地，我才發現不聯絡意味著放鬆，我終於不再緊繃著神經，曾經發生的傷害也不再使我作噩夢，我不再介意過去，而能夠看到現在，我逐漸有能力開始「真實」地跟阿早相處，我知道有些事情還沒過去，有些舊傷還未痊癒，但對於能力無法負擔的事，必須做出停損，看似我無情，長遠來看，卻是對我與前女友都好，我們不再鬼打牆似地相互攻擊、抱怨、發怒、懊悔，我們彼此的「現任」也得以脫離前任的陰影，進入正式的關係。

放手，扮演黑臉，做那個無情的人，未必是因為不愛，或者恨。以善意開始的行為某些時刻必須做出看似無情的舉動，只因為這樣可以停止繼續傷害。

至今，我與前女友尚未恢復聯繫，但我深知「這樣也好」，倘若那其中包含著祝福、諒解，或者原宥，也得經過時間驗證，不急於一時一刻。我慶幸自己當初劃下那一刀，看似一刀兩斷，卻是因此彼此才找到生路。

而在阿早那邊，我也扮演過嫉妒、擔憂他的「前女友」、那個焦慮的現任。

第一年相處我們還很生疏，多年的分離使兩人都有劇烈的改變，濃烈的愛無法立即帶來熟悉感，我也惶惑於「現實生活裡我們真的相愛嗎？」「我們能夠相處嗎？」他與前女友看起來志同道合，而我卻是對料理、烘焙全無概念，生活潦草、用度寒酸，稱不上有任何品味的人，我習慣於這樣的生活，但在阿早身邊，我自慚形穢，確實啊，愛情會使你看見自己的缺點、弱點，會使你陷入一種「我夠好嗎？」「他愛上的是真正的我嗎？」「會不會搓破幻象之後愛情就消失了？」等等的不安。

這些不安都是自己的事。自己的心態只有靠自己理解、認清、分辨、調整，我想最可怕的心結，首先就是「比較」，不要去比較他對前女友如何如何，他們以前如何如何，甚至不要用他曾為他多麼痛苦來衡量他是否更愛他，「比較」會摧毀現在的關係，「比較」時常是因為不安而起的，想透過比較來使自己安心，或者使對方「關注」我，然而，這些比較不但喚起往事、也喚起了傷害。這些比較於現在無補，對你們的關係沒好處，甚至反而帶來彼此的猜疑。做為現任的雙方，都不要落入「比較」的陷阱。

過去已經過去了。我們甚至也都不是「當時」的我們，發生在每一對情侶或伴侶身上的故事，不可能原封不動搬移到另外不同的兩個人身上，今非昔比並不是現在比較不好的意思。我們都是通過過往的經驗來到現在，要取消那些經驗何其殘忍，更何況要人忘記的是過往的美好。

現在正牽著他的手的，不是我嗎？這才是最重要的現狀。過去如何，他心中到底怎麼想？還愛著對方？還惦記過往？那些變成親情或友誼的愛情到底是怎麼回事？為什麼我與前任分手都是一刀兩斷、不再聯繫，你卻可以細水長流、仿若知己？那我也可以嗎？

我想，每個人有他的處境，他理解事物、對待過去的方式，我們能要求的，也只有自己不迷亂，自己能夠找到一種讓前女友效應降低傷害的方式，而我們的對象要怎麼做，真的只有他可以決定。

倘若前女友還虎視眈眈，還糾纏不清，還餘情未了，甚至一再表達復合心願呢？過去的經驗告訴我，那都不是前女友可以決定的，真正的關鍵，還是在兩人的相處，決定權在「現任」的我們，我們是怎樣地相愛？是否相知？是否逐漸跳開惡習的循環，進入一種更好的關係，我們如何從過往經驗學習，讓那些記憶不再只是擾人的打攪，讓那曾經愛過的人，可以是生命裡真實的「年輪」，不是必須斬除的「噩夢」。

十年的關係怎麼比擬？不用比擬，只要日日繼續，累積著屬於你們的記憶就好。前女友是年輪的一部分，無論他們多麼不捨，還有多少現實的糾葛，那已經是生長過了的記號，即使有一天他們決定復合，那也算是一個「新的對象」，愛情總是無常，新對象、舊對象，會離開想離開的，就讓他走。

我們只能守護著屬於我們的現在，讓已經充滿變數的未來，減少一些沒必要的干擾，比如自尊心作祟、不安感發作，比如不要再反覆地要他承認、宣布，或扭曲過去的記憶，不要他否認他愛過他，也不要否認他曾經被愛過，那不是很傷心嗎？站在愛的角度，過去未來，我們都不希望自己愛的人受傷，心疼他的遭遇，但不是要火上加油、落井下石。過去的價值，讓他自己決定。

停止舊女友效應的方式，是認知自己的重要，肯定現在的意義，不然，何不求去呢？如果是一段值得珍惜的關係，無論有多少沉疴、舊疾，同心協力，還是有機會走出兩人的未來，慢慢的積累，時間會為你們帶來熟悉、親密，因著日常的互動，你們會真的變成親密的伴侶，歷經過許多傷害與痛苦的人更懂得平凡的得來不易。

快樂的現在是比痛苦的過去重要的，只是處在現在的人們並不理解，因為愛的前提，我寧可好好去愛，也不願使他痛苦而對我難以忘懷。

關於前女友效應，我還可以再寫三千字，然而，真正可以克服前女友效應的，只有「美好充實的現在」，當你介意前女友的時刻，不妨想著，那些過往是要提醒我們，慎重選擇，珍惜此刻，憐取眼前人。

曖昧

你說發現他與你不認識的女孩在LINE上互動曖昧，使你大受打擊，一直處在不安與焦慮之中，不知如何是好。

我思考了很久，一般的做法，可能都是請對方切斷曖昧關係，或者攤牌談判，或不停地偵察，甚至因此分手，似乎除了請他「不要搞曖昧」以外，沒有別的做法。但回到我最核心的立場，依然認為愛的本質是使彼此都自由，如果這個自由的結果會導致彼此走向不同的方向，這也是自然的發展。

回想過去時光，很多時間裡都糾結在「對方到底愛不愛我？」「是不是只愛我一個？」「會不會愛上別人？」「是不是偷偷喜歡誰？」「有沒有什麼不為我知的祕密？」美好的時光都荒廢在擔憂裡，但如今的我，可能更期望自己把自己照顧好，有能力去維持一份更有實質內容的關係，是否與對方達到相互理解，在有限的，不知多長多短的相處時間裡，盡情地相愛，倘若對方不與我同心，也祝福他開心走自己的路。當然，有一種情況使人焦急，若你交往的是個提不起也放不下的人，似乎總還在貪心地尋覓著，如何也不願意安定，好像總是坐這山望那山，好像只要一個不留神，就會三心二意，但我想，根本來說，是要問自己為何愛上這樣的人，為何選擇這樣的情人交往，這本就不是追求安定的路，為何以為可以從這樣的人身上尋覓穩定？他所給與你的，最重要的可能並不是你所想要的。

愛情的問題，大多時候，是透過關係，透過與他人的互動，透過彼此認識，來理解自身的問題，大多數的人以為錯都在別人身上，鮮少知道，自己也是始作俑者，建立一份關係，是兩個人的互動造成，如果不追究成功或失敗，不計得失，即使是令人心痛的關係，依然可以找到對自己的意義，如果可以透過與這個人的關係，對自己有更深的一層認識，對所愛的人，也有能力與勇氣深刻地理解，這已經很貴重。然而大多數的時刻，我們並不想要理解真實，卻寄託夢幻，想望一份「理想中的愛」，不順遂，總是責怪他人。

或許我們都是在愛一個人過程裡不斷認識自己，而這份認識，會使我們走向其他人，這個過程，也會有其他人來靠近我們，將彼此都限縮在「安全」、「封閉」的兩人世界，並無法確保一份愛的永恆，可能只是加速愛的枯竭。

我想，真正需要的，是經由這個曖昧事件，更深刻地去理解彼此吧，如果他也願意對你敞開自己，而你也有能力接受與包容，或許，你們可以談談他為何需要與他人曖昧，那到底算不算曖昧，這份看似曖昧的互動，對他有何意義，以及為什麼你如此難過，你的不安、打擊，底下潛藏的是什麼，如何回應這份不安，下一步該如何，往後的互信該如何建立，彼此關係的界線是否要重新討論。我不知道多少人可以做到相互坦誠，也不知道什麼樣的祕密是人應該保有的，但是我知道，愛是自由，不建立在給彼此自由的前提底下，愛會扭曲人心，也會吞噬關係，或許你可以斬斷這一次的曖昧，甚至因此分手，你或許可以避免一次的傷心，卻將一直活在恐懼裡。

我們還是有所選擇的，要過怎樣的生活，如何繼續自己的人生，要以何種態度面對愛情，成為怎樣的人，願意以何種形式去信任，如何地給予他人尊重，這些是我們可以選擇的，至於他愛誰，不愛誰，樂意與誰互動，希望擁有多少種親密，我們無法干涉，也干涉不了。

我所意願的愛，是可以使自己變得美好、開闊，而不是讓自己變得封閉而狹隘的，但要到達那兒，需要很多努力，需要更多的自省，可能，還需要經歷幾次的傷心。

我如今看待過去經歷的許多事，某些難以釋懷的糾葛、創痛、傷害，我了解那其中有很多並非如我所想像的那樣，愛是更複雜，更深奧，需要更長時間的理解。至今，我仍在不斷體會中。

我可能沒有解開你的疑惑，但除去緊繃地追查他的一舉一動，一定還有其他更有益於彼此的事，或許我們應該做的，是那些有益於關係，而不是有害於自己的事。

除了不安，一定還有什麼是可以為自己做的。或許，試著朝向愛，而不是朝向恐懼，試著開闊，你還可以更勇敢些。

逃避

年輕時幾段戀情，沒有能力妥善結束，只能以逃跑做結，那時我無法理解（也還不能接受）自己為何會在一段戀情裡，又「愛上」另一個人，我不知如何對正在交往的戀人說：「我喜歡上某某了。」為了避免繼續不忠，我讓事情惡化到必須分手。

一開始總是美好的，甚至不美好也是新鮮、好奇的，好像那樣的熱度，才足以令我感受到愛，但「愛情」到底是什麼，我卻不清楚，在我心中，愛就像走在回家的路上被外星人擄走，岔開了原途，進入另一種生活。「我沒辦法控制自己」，雖是這樣聲稱，在感情變異時，面對戀人心碎神傷的各種行為，我只會懊惱地說：「我就是那麼爛。」把對方描述我的惡言惡語全都貼在自己臉上，「自私」、「不負責任」、「騙子」，卻不知道這種承認，是一種使用負面方式讓自己脫離罪咎的話術，對改變自己毫無幫助。這樣的模式一再重複，最後歸結「我跟誰都不適合」。

大多數時候我說「都是我的錯」，但認錯並不代表願意改過，自責也不等於負起責任，自怨自艾無法使自己成長，這些言語，更像是「逃避」的車票，

「但為何而逃？」「逃避什麼？」自己也未必知道。

多年之後，認知人的複雜、感情的多變，發現我想逃避的是愛情的「現實」，愛情對年輕的我而言，必須帶著朦朧的面紗，以維持神祕與甜美（或者是神祕與暴烈），我所追求的，就是那種不可言喻的「衝動」、「強烈」、「美麗」，兩人一旦進入戀人關係，尤其是固定的生活模式，首先就會掀開那層面紗，日常取代了強烈，生活裡的瑣碎、兩個人之間的差異、甚至更進一步的磨合，都打碎了我對愛情的美好想像，我透過尋求另一段愛情的開始，來躲避面對原先的關係裡的挫敗與困難。

接著我逃避的是「提出分手」，寧願劈腿也不願意主動提分手，這不只是年輕的我會犯的錯誤，這個問題幾乎糾纏著某種類型的人的一生，因為外遇容易，提出分手卻需要有能力解決衝突、面對指責。那時的我，還無法理解外遇的發生不僅是「談了另一場戀愛」，也意味著要面對眼前這段關係的變化甚至是破裂，當然會經歷痛苦的過程，只是連我都無法原諒自己，因為外遇意味著「不忠」、「變心」，而這些都意味著我的人格問題。我期盼自己還是剛戀愛時的那個人，海誓山盟、信誓旦旦，我總以為「深情」、「專注」、「執著」才是美好的人格特質，做不到這些，令我憤怒而挫折，我寧可一步跳到「我是負心的人」也不願意面對「為何我會負心」這個問題。

戀愛很重要的一項特質，就是讓人發現獨自時無法發現的自我，這當中也包含了「缺陷」與「弱點」，習慣或喜歡將自己「定罪」的人，不見得真的認定自己有錯，以我的例子來說，我始終覺得「事出有因」，卻不願將原因說破，承認「都是我的錯」要比「努力改變關係」來得容易，因為那時我根深柢固覺得「關係有問題一定是沒有遇到對的人」，為了保持遇到對的人的機會，我不願意就眼前的這段關係進行檢討，「不給對方或彼此改變的機會」。

我逃避的，是發現「本以為是愛情」結果只是「程度較強烈的喜歡」，「喜歡」會因為情緒、事件、相處而變成「不喜歡」，但進入愛的深度之後，喜不喜歡不是決定繼不繼續的原因，修補、改善、磨合、等待、包容都是度過「暫時不喜歡」這種情緒性感受的方式，但那時的我還沒機會體驗。浪漫的感覺過去了，發現彼此或自己還沒真正投入愛情，或者，還沒有能力去愛，不是急著逃避，而是藉由這種認知，藉由理解「這還不是愛情」，深思愛情是什麼。

急著想逃，沒有用。但我逃了。談了更多戀愛，只是陷入更深的迷茫。

有許多年的時光裡，我扛著一頂「有罪」的帽子，給自己戴一個「負心人」的標籤，卻仍不斷尋尋覓覓，私心以為有個人在某處等我，他／她，會治癒我的懶惰、自私、軟弱，使我成為我想要的那個人——專情、癡心、執著。於是經歷一次又一次，沒有使自己更美好，卻讓自己更加困惑、最終陷入「真正的失去價值感」的處境，我匆忙戴上的那頂帽子，變成了我的一部分，剝除不掉。

如今我知道，當感情發生問題時，逃向另一個人只是逃向另一次惡性循環，沒解決的人生問題會以其他形式再來一遍。當關係裡出現挫折，無須立即歸因到「我不愛你了」、「你這樣就是不夠愛我」，或者時時擔憂於自己無能力去愛，也不可能得到愛，進而呈現「自暴自棄」的「反正我就是這樣糟的人」的狀態，即使已經確定這個人不是我要一輩子相處的對象，還是可以用更溫和、理性、誠實的方式面對分手，因為這是在學習愛的過程，沒有勇氣提出分手，沒有能力解決紛爭，不敢面對衝突，也沒有能力迎接與守護你所真正想要的愛情，我們在每一段關係裡都盡力認識自己，包括理想與不理想的自己，光明與黑暗，美善與醜陋，在每一段關係裡都竭力使彼此感受到「相處的真誠」，即使到最後分手的時刻。

當然，這很難，但不做到這些，無以理解愛情的艱難與複雜，不做到這些，就還會一直在錯誤的因應方式裡循環，沒有誰會突然出現讓你變成一個更好的人，只有靠著自己努力在關係裡一次一次地面對、認清、改變，那個你想像中比較美好的自己才會逐漸長出來。

停止自責，是戒除「逃避」的第一關，這是後來的我學會的，不自責，不懊悔，不閃躲，發現問題，先別急著否定關係，發現自己的錯誤，也無須驚慌失措，這些如閃電般將我們擊垮，把生活突然切開的「突發事件」，是重要的提醒，唯有冷靜地去面對，去理解，尋求幫助，並且學習改變，自責無法讓你學會愛，逃避不會讓你找到出路，唯有面對才有可能。

試試看，這一次，試著不搶當罪人（那太簡便了），而是選擇做一個「有誠意面對問題」的人，即使還找不到解決之道，過程可能很痛苦，很殘忍，很難堪，然而，即便僅僅是發現問題所在，甚至發現自己還沒能力去解決，只要不逃，無論面對到何種程度，都是進步，至少你不會再如亡命之徒四處逃竄，只為躲避那些自己還不理解的事物，但你可以選擇不再重蹈覆轍，儘管只是移動了一小步也好。

糾纏

有些分手的狀況，變成某人生命裡不斷循環的歹戲，發生得突然，要經過很長時間才能真正地脫離。很難分清楚到底是誰放不下誰，誰太無情，或誰太軟弱。已經分手了，但愛還在，還放不下的人心中矛盾掙扎，到底該不該聯絡？要維持什麼樣的距離？他呼喚我了，要不要去？

記得那時，三十歲不到，經歷過幾段難以言喻的感情，身心疲憊，我總也不知道愛情是什麼，卻一再地戀愛，好像只是身上的腺體與內心的缺陷在交互作用，後來我才知道自己害怕寂寞，沒有人愛我的時候，我無法感覺自己的存在，即便我已經在寫作，也出版過幾本小說，許多盤根錯節的原因，使我覺得自己始終無根地飄盪，跟誰都不親，我盼望能在愛情裡找到家的溫暖，我盼望自己因為無法融入群裡而孤獨的學生時代，可以藉由愛情得到補償，愛情對我來說太神祕了，以至於可以疊加上所有的想像，遇見R，就是我對愛情想像力的大爆炸。

旁人看R並不是特別出色，他年長、孤僻、固執、我行我素，我看到的卻是專注、天真、善良，他是那種幾乎不需要他人就可以存在的人，自己煮飯、洗衣、做家事，全世界到處去，是個工作狂，我羨慕他的強大，甚至愛慕他的「孤僻」，我以為，如此孤僻的人愛上我，表示我有某種不凡之處，當時我是多麼沒有自信，以為狂熱的性愛，代表著愛情的強度，我什麼也給予不了他人，能給出的只有性。我只有在兩人親密的時候可以確實感覺到被需要、被愛。

山盟海誓，覺得非彼此不可，真不知道哪來的念頭，而出現得那麼真實，我想我已經將與他的感情當作人生的出口，我所欠缺的一切，在與他生活裡都可以找到。

童話崩壞得很快，他沒有變，只是把被愛情激發的那一面收起來，又變回了原本的孤僻、行蹤神祕、「愛好自由」，那就是我原本愛上的模樣，但我已經不是我了。

以為會長相廝守，他卻說「我還沒準備好」，以為會同居，他卻說：「可是我習慣一個人」，我以為他會想念我如我想念他，但一分開，他的手機就不打開。所有的「以為」，造就了我的災難，那時我沒有語言可以問他：「這些那些代表著什麼？」他也沒有能力向我解釋：「那些戀愛時的誓言都是真心的，但我沒有能力做到。」很奇怪地我沒有恨他，只是陷入一種像走錯舞台，卻已經找不到原戲的慌亂，愛情出現幾種不同價值，都是我願意相信的，但兩個人懷抱著不同的價值，根本走不到一起，我以為相愛的人總會保持聯繫，渴望與對方見面，但他不這樣想，他愛好自由大於一切。對某些人來說，那就是「不愛了」，可我卻無法相信，倔強的我，提出了分手，但心中，卻依然眷愛著，他知道自己負不起責任，給不了承諾，卻也等著我去找他，分手的痛苦我熬過去了，但，卻在要與他人交往時，他若無其事地出現了。

有幾年的時間，我總在他出現時，發現自己即將或已經開始的新戀情不是真的，我的心與記憶還沒離開我們一起生活過的小屋，那甜蜜的六十天，只要看見他，就彷彿可以重回那些快樂的時光，然而，他依然是他，離開就是消失了。沒有任何可以預期。沒有辦法約定。

我們是這樣一點一點磨損著曾經有的愛，將之變成鴉片、解藥，或者某種已經逐漸衰敗但還可以充飢的糧食，孤獨的時候，軟弱的時候，或者，需要陪伴的時候，我找他，或他找我，有時相處極其家常，有時，顯得非常悲傷。

那時我誰也沒說，苦惱得幾乎發狂，我無法向朋友承認，信誓旦旦「一定要跟他分手」的誓言猶在耳邊，我卻仍與他見面了，我無法對朋友承認，跟新的戀人分手，也是因為他的出現，我擔心朋友討厭他，我更擔心朋友嘲笑我，這是個無盡迴旋，往下墜落的迴圈，我找不到起死回生的辦法，許多次我想到死，好像只有死去，我才有辦法拒絕他。

「不要再找我了，如果你對我還有一點愛，即使連我找你，也請不要回應我。」我多想這麼跟他說，斬釘截鐵，像戒除酒癮一般，請他幫助我戒除「他」，才能夠往前走，找到新的人生。但我沒說，我開不了口，我更怕真的這麼說了，我會後悔，我已將他當成人生的避風港、避難所，失去了永遠會在那兒的他，我該怎麼辦？

我忘了我是怎麼離開他的，或許是在一個相處的假日裡，兩人默默無語地吃飯，窗外的鳥聲啁啾，他帶我窗邊看鳥，我想起了我們曾構築過的將來「有一個安靜的小房子，院子裡有花，鳥兒會飛來」，玻璃窗外的花樹與群鳥，我們心照不宣的疏離，使我想起了我們是多麼悲哀地假裝著我們還在戀愛，假裝著我們這樣也很幸福，不，悲哀的只有我一人，我根本不知道他怎麼想，分手之後，我們很有默契地，再也不談心了，我像是突然醒悟那般，知道這個假的戀愛已經不可以再演下去，否則我心中對他曾有的那份美善，那份只屬於他的愛，將會被廉價的陪伴給取代，我會因為這樣拖泥帶水地愛著他而恨自己，甚至開始恨他。

你還愛我嗎？是怎麼從很愛變成「只有一點愛」？我們是如何從彼此鍾情變成彼此依賴的兩人，我們是如何從心靈相通、彼此相知的戀人，變成不斷回收的「前任」？

我們現在是什麼關係呢？還要這樣多久啊？你知道這不會有出路，你不會改變了，對不對？

我沒問，沒提，我走了。

再也不會因為一通電話就搭上深夜的巴士，再也不會在聽見你的聲音時回想起當年的相識，再也不會將身體呈現出來只因為我認為那樣就是愛，可是我知道愛還藏在某處，可能會一直存在，就是因為如此，我不要討厭你，我更不要討厭自己。

經過了許多年，我終於不再幻想著從前的愛會奇蹟般地重現，可以繼續，我只是平靜地接受了，「相愛不一定可以在一起」，「曾經愛過也不表示可以一直愛下去」。「放過彼此吧」。

在回台北的巴士裡，我沒哭，但內心湧起如浪的情緒，如果早些時候有人勸我，我聽得進去嗎？聽得進勸告，是否可以少受一些苦，免去許多煎熬？但我就是那種非得自己想通，自己走透，無路可走了，才踏出一條路的人。

所以，我不勸你了。

接下來的人生，是否會一再反覆，你是否會徘徊在「他愛我？」「他不愛我？」這個循環裡，在為他哭泣，或生他的氣之間盤旋，在希望與失落之間起伏，你是否會因為接到他的電話而開心，失去他的消息而悲傷，是否會因為跟他親近而感動，看到他與別人親近又憤怒？

你在這個暴風裡，而這些只有你自己可以看清楚，你才能領著自己走出來。

或許心中那份愛不需反覆檢驗，不需在軟弱、脆弱時用盡，而是堅強起來，守在心中，讓它還是一份美好的愛。

我在想，換個角度，若你是另一個R，當你知道沒有能力承諾，沒有把握承擔，閃著躲著終於還是分手了，你知道對方還深愛著你，還在等你回頭，你或許也還在衡量現在好，還是過去的比較美，你或許也會因為比較、軟弱、寂寞等因素，打了電話給已經分手的對象，你知道他會等，他總是在，然而，沒有能力去愛是一回事，沒有能力好好分手是另一回事，如果還有最後一分愛，暫時不要聯絡，不要因為需要而聯絡，即使他主動與你聯絡也不要因為「各種原因」而與他繼續親密，不要給他幻想，不要給予暗示，要給他真正的幫助。

而真正的幫助是，無論是什麼程度的愛，都要做對對方好的事，儘管那件事看起來，似乎無情，不去揮霍或濫用那僅剩的一點點愛，有時，可以免去一個癡情的人好幾年的反覆煎熬。

對於已經分手的人，善意，而不濫情、不自私，謹守著那一份界線，為所當為，是對過去的愛，最大的尊重。

消息

二〇〇四或二〇〇五年春節，那幾年時間對我已無分別，彷彿只是失落的延長，春去秋來，冬天總是特別難熬，那時好友在台中開了玩具店，我去幫忙打工看店，春節期間一中街夜市裡來來往往的人群如漲潮，生意特好，隔壁賣服飾的店面一直播放著流行歌曲，在摩肩擦踵的人流裡，我有時聽見歌聲，有時沒有，大多數時候我都麻木地收錢找錢打包送客，歡迎光臨、謝謝光臨，是我小時候最擅長的事，但生疏了，我只是因為友誼而站在那兒，並且，春節期間，我不回家，那時的我，一到了年節，就成了無處可去的人。

「看著被你退回的信，燒成了灰燼」，第一句歌詞就清楚地傳到我耳裡，是張宇的聲音，我從沒有特別喜歡過，但那些字句就像電影字幕那樣映現我眼前，我停下手中的工作，不自覺走到靠近服飾店的通道邊，任由歌曲一字一句流經我全身，我無法動彈。

〇三年的與阿早戀愛、一個人去旅行、之後與阿早分離，痛苦茫然之中，我依然繼續上路，我清楚記得自己在緬甸、馬來西亞或者後來再去的國家，表面上看來，我如常地工作、寫稿、生活，甚至看來是歡快而無負擔地，我是單身的人了，再也無須擔心我的作為會傷害了誰，我是自由的嗎？推著行李或提著行李，在飛機、計程車、三輪車、人力車各種交通工具上，異國街道、異國語言使我感到安心，因為在這些人的面前，我是全新的人，那些被弄錯、弄擰，那些自己招致，或者命運捉弄而發生的悲傷，都變得遙遠難尋，我愛的、不愛的、恐懼的、擔憂的，所有曾經在我生命裡留下難看疤痕的記憶，那些我始終無法解決的人生難題，那些「一再重蹈覆轍的愛情」，終於不再追著我了。

我身旁身後都沒有人，沒有任何我在乎的人，沒有在乎我的人。都沒有了。

歌聲帶我回到當時，旅途中某日，清晨，我聽著遠處的寺廟傳來鐘響，然後是輕輕的梵唱，聲音如流水一般傳進我住的旅店，我已無法分辨身在何方，清冷的空氣是那麼乾淨，將裹著床單的我通體穿透，我已經到達我可以到達最遠的地方了嗎？我已經離開你夠遠而再也不會傷害你了嗎？可是我這些離開的行為不正都是因為我無法安然地面對你嗎？你什麼都不知道吧，或者，你是因為太清楚了所以沉默不語，你知道我的軟弱、自私、困惑，你知道為了不失去愛情所以我們必須遠遠地離開對方，是這樣嗎？有這樣的愛嗎？更多時候我感受到的只是「你或許再也不愛我了，你再也不想見我、聽我、看我、知道我了」，而我也沒有能力拒絕這種拒絕，抗拒這樣的抗拒，因為軟弱的我唯一可以為你做的事，就是離開你。

我想著某些懸而未決的問題，將棉被又蓋上臉龐，我還是我，某些往事始終跟著我，逃到哪兒都逃不了。

張宇的歌曲訴說的這些，字字擊中我的心，從來我是會對情歌嗤之以鼻的，因為我一直是個麻木的人，內心太過脆弱以至於無法同理他人，也沒有能力使自己溫柔，我抗拒「柔情」這類的事物就像一般人抗拒毒物，可是那首歌一直哼唱著，我站在一旁像是受到太大的驚嚇以至於無法反應，應該哭的時候我從來沒辦法好好地流淚，但站在人群擁擠的一中街，我安靜地哭了，淚水漫過臉龐彷彿被熱蠟燙傷，已經過了兩年嗎？或更久？我已經離開得夠遠了嗎？遠得我自己都辨認不了自己的臉，那些曾經在黑暗中做著陌生的事物，追尋陌生的安慰，在狂亂的街頭，我臉上笨拙的妝，塗壞了的口紅，妖冶的微笑，那些他不曾見過的樣子，「這些不就是你要的嗎？」內心有聲音對我吼著。

我的傷痛來得太慢，又沒有合適的名義發作，一首情歌將我釋放，我想我一定是太累了，而年節又給了我憂鬱的理由，朋友看著我的眼淚，沒有問我為什麼，後來我把眼淚擦乾，心臟像是有一處被拳頭穿過，我很清楚那些傷不是時間可以治癒的，但也唯有我自己可以解開。

重逢的時候我告訴過阿早這件事，每次到ＫＴＶ唱歌，他還會像逗我似地把這首〈消息〉點來唱。

「越往遠處飛去，你越在我心裡」、「而我卻是你不要的回憶」。我彷彿被施咒一般，唱到這幾句，便會無法自制地哽咽，無能再唱。

我會賭氣地說：「那時候我好可憐。」「不要難過，都過去了啊！」阿早溫柔地說。

其實我不真的是這樣想的，我不可憐，我只是無法自抑地在歌聲的流轉間回到那個賣玩具的市街裡，並且同時回到那個距離廟宇不遠的異國旅店，以及那些我曾經盲目踏上的街頭。所有一切同時上演。

所有分離，最可怕的部分是，沒有人會知道將來還有機會重逢。

所以後來有時阿早在我身旁，我會以為那只是夢境的延長（但離別時他總不來我的夢中，彷彿我連奢望夢到他都是罪惡的），會在早晨醒來時有種慶幸的感覺（夢醒了他還在這裡）。即使已經這麼久了，久得我們已不再尋求浪漫的約會，我們熟悉得如同對方是自己的一部分，幸福這種情緒依然會讓我有時膽怯，所以我們跳過了幸福，直接來到家常，這樣比較好，平平靜靜的，適合我們。

我們共度著分別的時候不能料想的「將來」，屬於我們的人生，原來那時候我全部都想錯了，我像個負疚的孩子，沒有能力看到全景，甚至無法理解到是我自己導演了那場分離，阿早從來沒有不要我，沒有推開我，他只是靜靜地等待，等待時間或者什麼力量推移著時光，等待我們各自的成長，讓我們有能力面對彼此，面對自己，面對所有已經發生，或即將發生，那些我或我們必須遭逢的變化，等著命運的巨浪將我們顛來倒去，等待那個可以靜止的地點。

過去的我，既是過於自私無法處理自己的「欲望」與「不安」，也不夠勇敢去承擔自己造成的「變化」，在分開的那些日子裡，起初我只是自責於自己的錯誤，卻無能為這些錯誤做出任何改變，我懊惱他的消失，事實上是我不敢繼續去追問、探究，他一直在那個屋子裡沒有離開，我沒有能力承擔事實，只好轉向懊悔自責，「他一定很恨我，不想再見到我」，甚至自暴自棄地想著：「都變成這樣了，還能怎麼辦？」而後又自我安慰地想：「沒有我，對他比較好。」

無論是這樣想，那樣想，所有問題圍繞著一個我無法忽略的核心，「我愛他嗎？」「分開後我還能如何愛他？」

「我有能力愛誰呢？」

這些巨大的問題，伴隨我去了很多國家，伴隨著許多無眠的夜晚，像是自己身上一件抛不掉的行李，又或是一個最重要的器官，有時，關於他的各種回憶會使我痛苦，在這個說大不大的城市裡，我幻想可以與他迎面相逢，然而那些想像裡，我總是沒有能力去想，「見了面，我要對他說什麼？」我只是想見他。

我好想見到他。

多年之後，我們都是千瘡百孔的戀人，再見面時，我們幾乎都認不出對方的模樣了，屬於我們的過去，似乎脆弱得彈指間就會飛滅，但只要給我們一點點時間，我們還是認得出曾經愛過的那個人，那還是我所愛的。

現在，距離二〇〇三年十多年之後，偶爾我仍會為當時的事失神，我會在腦裡一次一次重播我們終於見面的過程，彷彿如果不這樣，沒辦法確定我們真的已經跨越那些分離，找到了對方，更重要的是，我總覺得自己在那些分離中學到的教訓還是不夠，我可能尚未真確地理解自己，我心中還有那麼多殘存的恐懼、歉疚、不安、罪惡感，這些都是對愛情有害的，我不光是要記得分離與重逢，我期盼自己能夠找到答案，好像那些答案可以使我快速成長，真正變成一個有能力去愛，去守護，能夠承擔起愛的重量的人。

但那些焦慮、緊張、擔憂、惶恐，無法真正帶來力量，反而唯有在與阿早真實的相處，無論喜樂、憂傷、困難或艱辛的相處中，那一日一日辛苦兌現的，就是我心中問題的答案。

你失去了他的消息。你以為自己是他不要的回憶。他將你解除臉書朋友了。或者更多更不堪，你一回到家中發現他早已人去樓空，過去彷彿如夢一場。

真正的回憶存在於在意的人心中。真正的消息，或許寫在空中在雲裡，是你無法解讀的，但，只要相愛過，即使反目成仇、形同陌路，或變成了生命裡無法觸碰的傷口，這段戀情總會帶給你什麼，使你得以在漫長的一生中受用。

很久很久以後，你或許會突然意識到，誰對誰錯，何是何非，由愛生疑，由疑生恨，或者難以釋懷的背棄，無法諒解的謊言。生命中會突然刺痛你的，使你感到遺憾、傷痛的，不論是一首歌曲、一張照片，或一個你再也無法見到的人，事過境遷，你心中留下的，或許還是那句話：

我總是祝福著你。

我們都不知道「這個人」是不是就是「那個人」，我們也無法確定「這次到底是不是真愛」，可以把握的，也只有自己清醒而堅定的心，不是盲目的努力，也不是一味的糾纏，或一廂情願的認定，而是堅定地讓自己走向「無論如何都以愛為出發點」、「愛是自由」、「愛是祝福」，愛是兩人努力的學習，是一點一滴的練習，但倘若對方要離開，也帶著祝福的心念使他自由。

那麼無論如何，不管發生什麼，都保護了自己那份想要愛的心願，經歷了一次愛的學習，這些都不會白費，相信愛也擁有愛的能力的人，不害怕沒有可愛的對象

依賴

為了一段感情，你逃到了天涯海角，似乎必須要離他很遠很遠，才有辦法戒除他對你的影響。「我不知道自己怎麼了？明知道跟他在一起會受傷，卻還是一再重複，跟他在一起的時候很痛苦，但想到不能在一起就更痛苦了。」一愛得慘烈，分得悲傷，你說這是你生命裡最重要的一段經驗，剛發現他不忠的日子，你每日以淚洗面，陷入憤怒、悲傷、茫然各種強烈而負面的情緒裡，你知道他就是這樣的人了，你能留住他的人，卻無法使他忠實於你，你只能黯然離開。

那段日子，都不知自己是怎麼活過來的了，你才清楚意識到，你對他的依賴，以及你的生命如何被扭曲。

如何戒斷依賴？你問我。

這會是一封很長的回信。

年輕時我的性格激烈，戀愛動不動就是性命交關，好像每一個決定都會引發滔天巨浪，不知為何，自己與對方的情緒都非常強烈，彷彿感情上稍有問題，生命就會為之破裂。

最初的喜愛、與單純的戀愛，很快演變成生活伴侶、工作夥伴的唇齒相依，但兩人卻還沒成熟到懂得如何一起生活，尤其是我自己，二十多歲的我，心中還有很多困惑，對人生與愛情都才開始認識，從愛進入關係衍生出的種種問題都讓我困惑不解，表面上看起來兩人似乎很親密，但更多時候是因為我習慣性的忍讓與配合，我無能表達出自己真正的需要，我也還不懂得自己想要什麼生活、要從事何種工作，可以創造出什麼樣的人生，這些那些我都還來不及細想，還沒有任何具體的認識，愛情就已經發生了，已經跳上了「兩人世界」的列車，想要離開，除了跳車，沒有其他可能。

同居生活、共同的工作，一起養的貓與狗，二十四小時的相處，日復一日推著我前進，我已經無法分辨什麼是我要的，什麼是我必須承擔的，恐懼孤獨、害怕失去、擔心衝突、不想讓對方失望，唯恐自己「拖累了全家人」，我開始將自己分裂成兩種樣子，我以為只要能將白天與夜晚的我成功分隔，我就可以順利度日，沒想到那造成了內心更大的衝突，我越是以為「再忍耐一段時間」就會有轉機，就發現自己又造成了新的「錯覺」，做了一個更不能回頭的決定。

逐漸地，自己不但內心迷失，生活上更是陷入茫然，當時的情人以「我要照顧你」為愛我的方式，所有一切看來都是為了我著想而做的，最後卻成為我逃不掉的牢籠，而我也因為被過度「照顧」「看管」，逐漸自廢武功，慢慢地變成一個在現實上沒有生存能力的人，我沒有一份可以獨立為之的工作，要離對方，等於放棄生活裡所有一切，經濟、住處、工作、寵物甚至家人，但是我知道我必須離開，再下去若不是兩個人無止盡的互相傷害，就是我逐步奔向瘋狂。

當時我已經是個出過四本書的作家，我卻不相信自己有能力養活自己，長時間的兩人世界，讓我變得退縮、依賴。在現實上我不會開車，但我們卻住在連公車都少有的偏僻地區，我在我們共同經營的公司上班多年，已經與外面的就業市場脫節，更何況我只想寫作，兩個人的關係變化有很大的因素是因為對工作的看法不同，我努力想逃，恐怕不是因為愛上了其他人，而只是想要爭取自由。

但那時的我並不清楚這些糾葛，只知道自己陷入困境，卻無力改變。

當時的我是多麼愚癡，除了換一個人來愛，竟想不出任何可以改變的方式。

我做出了看似「變心」的舉動，就開始了一連串逃亡的過程，我以為換了一段關係，就能得到解脫，實際上卻是我缺乏自信，沒有能力獨立，還是想要藉著「另一個人的愛與照顧」，得到拯救，我以為終於結束那段交雜著感情、經濟、親情的複雜關係，可以得到自由，卻不自主陷入另一個泥淖，把一段新的感情當作「救生圈」，卻無意間掉入了另一個「需要逃離的陷阱」。

之後很長時間裡，我從一段感情逃向另一段，明知道這樣不好，但內心卻充滿無力感，害怕那些空白的時刻，好像身邊沒有情人時，我就會非常恐慌，我就是沒有價值的人，我根本不敢去思考，為何我必須用一份愛情、一個人來證明我是「值得」的，我無能去釐清，這是不是一份我知道為何擁有、為何繼續的愛，我沒有餘裕去理解情人之間如何能夠相處，人們是靠著什麼去維繫情感，我的戀愛都像是大火燎原，像是一次一次災難的發生，「無能阻止」與「情不自禁」還更貼切我的處境。

一段接著一段的感情沒有讓我快樂起來，只是讓我對愛情失望，對自己灰心，甚至讓自己陷入一段近乎危險的關係，如果離開，對方就會跟我「同歸於盡」，面對我曾經愛過，卻越來越讓我恐懼的情人，對方情緒的強烈起伏、對我的極度依賴，如果我離開他可能會自殺的恐懼，讓我感覺生命已經徹底無望，我深深知道我必須停止這一切循環，然而我是那麼害怕，甚至連自己害怕什麼都不知道，好像只是活著這件事都讓我恐懼。

我落入了最深的悔恨與挫折中。不敢愛人，不敢被愛，多年來彷彿愛情上癮，靠著各種愛情求生的我，落入「必須獨自一人」的處境，以為是人生的谷底，後來才知道，戒斷愛情，才是我扭轉生命的開始。

無論自願或被迫，我終於「單身一個人了」，我離開工作、家庭、故鄉、情人，靠著各種打工維持寫作生活，生命只剩下「寫小說」這件事，看似荒涼無望，卻讓我擺脫了一有問題就依賴情人的舊習，最初的那段時間異常辛苦，戒除對情人的依賴需要漫長的練習，甚至，在失魂落魄、內心混亂不堪的時光裡，我才知道長久以來那種無法喘息的生活方式，是因為我談著錯誤的戀愛，因為我總在還沒準備好的時候，就用開始一段戀愛來讓自己以為「人生得到改變」，我從沒有機會根本看待自己生命的問題，更不可能修復我因複雜的愛情關係帶來的傷害，原來很多愛情可以不要開始，許多應該只是朋友、友好的關係，那些只是喜歡還不是愛的關係，因為自己的軟弱或對方也軟弱，自己的錯覺或對方的錯覺，進入了互相依賴的狀態，而我們還以為那叫做愛情，但至少我知道自己必須獨立起來，我不再讓人接送，不會開車與騎車的我，盡量選擇交通方便的住所，甚至，我不再與人同居了，因為害怕從一個屋子換到另一個屋子，最後都會淪落到必須連夜逃走的地步，結束那段慘痛的關係之後，無論經濟如何窘迫，我堅持要擁有自己的住處，不管與誰戀愛，我不再輕易讓人住進我的屋裡，是這樣開始慢慢學習，透過自己的專業，一點一點拾回「我可以獨立生活」的信心。

這過程非常緩慢，路上充滿「讓我照顧你」的各種誘惑，以及遇到困難就以為自己非常脆弱的「幻覺」，但幸運的是，過去慘痛的經驗使我本能地抗拒，我逐漸地有了自己的生活，開始交朋友，也慢慢能夠靠著寫作以及各種文學打工獨立生活，那時我已經三十多歲了，過去愛情經驗裡造成的「內疚」、「負罪」、「自責」，變身成「冷漠」、「痲木」，我懷疑自己無法再愛人，也對於別人的愛產生恐懼，「愛無能」加上「親密恐懼」，讓我好不容易迎來下一段愛情，相處之後再度失敗。

生活改善了，但我的戀愛還是在相似的問題上夭折，但是，即使愛的能力無法短時間學習，努力卻沒有白費，至少讓我在工作上得到了成果，我不再是當初那個住在交通不便之處（我總是隨著情人搬遷，對方有車，喜歡住郊區，我沒有衡量自己的交通能力，也無力思考自己要在那個城市，做什麼工作）、出入必須靠情人接送、長期飽受經濟與感情壓力，連去看精神科都沒有能力的軟弱女孩。我漸漸地邁向經濟獨立，還能寄錢給在鄉下的父母，日常生活即使丟三落四、但絕對足以獨自生活，這份自主給了我空間，讓我即使還沒有能力好好去經營一份愛情，卻不至於寄人籬下、依賴情人照顧，我有了安定的住處，不再四處漂泊，這種獨立給了我信心，治癒了我長期對自己「脆弱」、「沒有自信」的印象，人是可以改變自己的，即使你曾經犯下許多錯誤，自覺不可能再得到幸福，即使你在愛情裡一再受挫，至少你可以把自己照顧好，你自己可以決定你的去處，你的存在就是價值，「愛情」雖然重要，卻不是一個人唯一的評價，在愛情裡犯錯、失敗、跌倒，不代表人生就此宣告失敗，那只是我們必須經歷的各種挫敗之一，而那其中存在過的美好、深刻，即使再痛苦的分離，也無法抹消其價值。

讓自己獨立起來，不再依賴愛情，不依賴情人，而是反過來，去做一個有能力付出的人，當愛情不是一種需要，愛情就會回到它原本的面貌，當你有能力獨立自主，不再依靠愛的餵哺、情人的照顧，你會更有能力去分辨，什麼樣的戀愛是你要的，能分辨只是「喜歡」與「愛」的不同，你有能力選擇，你可以愛別人，也能夠愛自己。

單戀

你細細寫了暗戀一個女孩十六年的故事，十六年來他對你若有似無，你卻無法離去，即使你已經有了交往多年的女友，還是無法對他忘懷，心中壓抑的情感已經達到極限。

我想跟你說，辛苦了，這一趟漫長的回溯，這一番徹底的回憶與反思，告白有時並非只能對我們所愛的人，告白，有時就像是自己與自己的對話，為的是整理自己的人生，釐清回憶，淘洗生命。

有首詩是這樣寫的：「我愛你，與你無關。」你的故事，恰恰道盡了這兩句話的輕重。這一份封藏十六年的愛，橫跨了你的年少與青春，霸占你的盛年，拿掉這十六年與他的故事，生命是破碎的，所以我不會勸你「忘了他」，也無須忘了他。

有時我們以為某個人橫陳在我們的生命裡，左右我們的喜悲，「吃定了我」，但那不是壞事，這樣的一個人物，代表的是一種美的存在，使我們意識到「初戀」的誕生、隨著對他的感情的生長，我們經歷了一個人對於另一個人「最純美的」愛戀之過程，光是這一點，應該感謝這個人的出現，以及牢記這份美好。

愛的過程很多時候帶給我們的啟發，改變我們生命的軌跡，遠大於其他事件，即使看起來，這就是一份「單戀」，是無法結果的愛，充滿苦澀。

對於他，你曾經告白，也多次地表達了自己的戀慕，他的回應是「難以解讀」且「曖昧不清的」，正是這份若有似無、欲拒還迎，或者說「仍帶有一點想像空間」的「拒絕」，使你始終放不下，讓你不斷加深期望、投入更深，使你離開後又返回，多次徘徊，無法清空內心真正去接受另一份愛。

我想，「愛」有很多層次，他對待你的，未必不能說不是一種愛，可以擴大解釋成另一種「難以歸類」、「無法定義的」情感，類似於「無邪的純愛」，這樣的愛，未必非得在世間找到一個「戀愛」的位置，甚至也無法找到一種相應的方式，這牽涉到個人選擇，以及個人對於愛的詮釋。

然而，付出過真心，感受過那份僅存在於彼此之間真正的「心意交流」，「溫柔相待」，是最美最真純的過程，那並不意味著必須占有，必須落實到生活裡，成為戀人，彼此相屬。既然他已經做出選擇，無論那背後是否仍藏有「其他的詮釋」、「可能的苦衷」或者，真的對他而言那就是一份純純的愛，無涉於他心中認定的戀愛，他並不會因此走入你想要的關係裡。尊重他的選擇，這是愛基本的認識，尊重並且理解，每個人對於自己所喜歡、在乎、重視的人，會隨著生命過程的各個階段，產生不一樣的「定位」，他似乎就決定將你視為「知己」、「年少時重要的友伴」，尊重他的決定，放下自己的執著。

長久以來，你一直帶著對他的期待與愛慕過生活，他已經成為你生命裡重要的牽絆，甚至是愛的象徵，我想，你很難分辨，或者說，很難想像，不再愛他，或者如何不去愛他，然而，生命是變動的，應該順隨變動，讓每個經過我們生命，給予過我們觸動與啟發的人，都成為可以帶給我們良善、美好與珍貴記憶的對象，而不是困住我們的「障礙」，一份如此珍貴、美好的情感，不該變成「克服不了的陰影」，阻礙人生的進程，成為封閉自己，甚至否定自己的「心結」。

你帶著對他的愛一路走到了成年，這非常美麗，無比珍貴，這份愛，與你跟你目前女友的感情，其實存在於不同的時空，只是你以為這兩者互相衝突，建議你可以將你與你女友的相識、相戀，以及相處的點點滴滴，單獨出來看，誠實地審視你們之間的感情，去除「需要」「彼此陪伴」「互相取暖」這些前提，認真地想像與理解，七年來，你們共同建立了什麼，帶給彼此什麼，將來是否還要一起，去除對於小小的戀慕，你與女友之間的關係，是否也存在著你們才能理解的「愛情」。誠實面對自己，並且勇敢地進行剖析，然後真摯地做出決定。

生命裡有過「小小」這樣的女孩，是成長最美的篇章。然而一個成熟且獨立的人，應該隨著生命的成長，讓心中的愛也隨之昇華，我們是可以不擁有對方而繼續愛著的，我們也可以不帶著任何期待去愛某人，甚至，在為了成全這份愛的純粹之下，將這愛意封存於時空之中，使它成為彼此珍貴的紀念，帶給兩個人的不是遺憾與痛苦，而讓它提升為彼此成為「更好的人」的一份重要歷程。

放下執著與期待，放下「非他不可」的錯覺，放開那份「人生卡在這裡過不去了」的懸念，生命是無常的，一顆開放的心會擁有無限的可能，過去都是為了讓我們走向未來的台階，踏實地看待過去，珍重地面對失落與遺憾，那些曾經帶給我們刻骨銘心的記憶的人們，是最美麗的花朵，我們最寶貴的做法不是努力摘下它藏為己有，而是，切實地分辨它曾隸屬於某些時刻，感謝它的存在，帶著這份力量往前走。

誰說你不能繼續愛著呢？讓這份愛成為你審視自己、認識自己，並且分辨自己是否有能力去愛人的鏡子，而不是沉溺悲傷或封閉自己的藉口，無論你是否繼續與現在的女友在一起，或者你將會孤獨地去面對這份愛，守護這份愛，我想，都勇敢地去擔負它，且知道，這是你自己的決定，不負這個決定最好的方式，便是放下對他的期待，停止要求他的回應，知道深愛一個人，有時最重要的，是讓他、也讓自己自由。

堅持所愛，守護一份愛，是需要無比的勇氣的，甚至需要絕對的真實、強大的力量，與長時間面對自己的勇氣，但去轉化一份愛，或者說，將這份愛變成生命裡重要的記憶，讓原本的執著，變成一份使自己蛻變的力量，這也是一種愛的方式。

不要悲傷，我想，你所愛、所付出、所珍視的，多年來你為他守護的，點點滴滴，他都知曉，也都感受到了，只是他選擇的回應未必是你想要，你可能也還未必準確地理解。這需要時間，需要放下期待的預期心理，需要沉澱。

存在於你們之間的美好，沒有消失，而唯有你真正地成長了，卸下這份負擔，從這份愛裡找到使自己前進的力量，那才是對他最好的祝福。

祝福你，你曾那樣美好地愛過，一切已經足夠。

表白

你說多年相處，始終像朋友，你像戰士護衛著他，後來才發現自己深深愛上了他。你忍不住想表白自己的愛，卻又深深恐懼著，你擔心被當作怪物，你害怕表白之後所有不幸的一切……

「怕一句話沒了他」，讓我心疼。

讀高中時，我曾與一個社團好友允為知交，既是一起蹺課、熬夜編輯刊物的夥伴，也是假日時一起出遊的好友，我們無話不談，相處時總是特別快樂，那份情感來得自然，對我而言無分性別，只是一份單純的、發自心中無以名之的「感受」，我都還沒來得及表白，甚至也不知道應該表白，但我的熱情卻已使他有所覺察，「我覺得你該去交個男朋友。」他說，我納悶問他：「為什麼？」他回答：「你有點不正常。」

當時我是心碎的，但我沒有察覺，為了賭氣，或是傷心過度，我真的與一個應該只是好友的男孩交往，在社團裡再見到他，我像是宣布什麼似地說：「我交男友了。」好像想要證明自己，「不是怪物」。

與男孩的純純戀情無疾而終，連那男孩都說：「以前聽說你是同性戀。」

我笑笑不答，那時我還不懂什麼是同性戀。

我與女孩上了大學還是好友，在我出書出櫃之後，每次相見，他依然極力勸阻，希望我「矯正」，那時的我已經知道反抗，與他辯論，而最後，我知道友誼已經無法繼續，兩人如此走散。但在我心中，那十年的情感是珍貴的，我不勉強他接受我，正如他也不該勉強我改變。不能繼續的友誼，正如無法繼續的愛，都讓它保存在心中吧。

我想說，「應該表白嗎？」在表白之前可能必須自我心理建設，任何一種表白都是沒有保證的，只是身為同志，有時表白會帶來傷害，要有失落的準備，要知道表白的同時也是出櫃，要明白，愛一個人，很多時候並無法得到回應。愛是一種冒險，要確信「我不是怪物，我的愛是真摯的，即使對方因此驚恐、退縮、反感，甚至不知如何與我繼續做朋友，都無損於我的價值」，這是一個考驗，考驗的是你們的相知、你們的緣分，以及現實裡到底可否變成愛情，或繼續保持友誼，或者，就此走上陌路。我可以理解你的害怕、你的恐懼，但不要害怕自己，無論結果是什麼，都肯定自己的愛的價值，一份真摯純粹的愛，存在過就是價值，以溫柔的、真誠的態度去表白，不帶著期待，不要求回報，我想，這份表白除了表明愛意，更多的願望是對這個相知的友人，表達更多深刻的自己，倘若這一直是你內心的祕密，像指出天上最小卻依然閃亮的星子予他，「這是你不知道的我」、「這是我心中深刻的愛」、「無論你是否愛我，我都祝福你」。你不只要表白愛，更要表白自己的心境。

我無法預知結果，但是，往後你的人生還會遇到更多試煉，更多難關，這只是活出自我的第一關，失去他也不會失去全世界，但勇敢踏出這一步，預示的是直面世界、直面自己情感的開始，生命是艱難的，考驗無所不在，但無論如何，不管旁人怎麼說，一個真正付出愛的人怎會是怪物？先接受自己，肯定自己，然後帶著無論如何都無悔無憾的心意去表白，當作是成長的第一課。

出櫃

你說最近因為出櫃的事，與父母鬧得很嚴重，不知如何出櫃才是正確的。如果你在我面前，我會拍拍你的肩，對你說，別懊惱，別沮喪，你已經走出了最困難的第一步。接下來要一步一步耐心慢慢走。

我常對年輕朋友說，「出櫃」是一個「漫長的溝通過程」，而不是「一次性的告白」，你的狀態也是許多年輕同志現下的處境，家中只有一個孩子，背負著父母所有期望，渴望做自己、擁有自己的人生，但又對於無法達到父母的期望感到焦慮。

在我看來，當日你對父親出櫃的情況，雖然看似受到挫折，實際上卻是親情很自然的互動，反而增進了彼此的理解，母親帶你去看諮商師，嘴上說接受，卻仍然暗示你要留長髮，交男友，這樣的反應也不算太激烈。慶幸的是，你的「出櫃」並沒有招到太強烈的反應（相較於許多父母可能更暴力、更為激烈的反應），即使還沒有完全接納你，也還在試圖改變你，我想，你可以試著轉換角度，著眼於他們表現出的「善意」而非他們的「反對」。

面對孩子是同志的事實，能夠理性反應、甚至全然接受的父母本就不多，不要特別苛責他們，此時該設想的是下個階段該怎麼做，日前你的出櫃只是一種「描述」，他們得到的也只是一個「訊息」，因為對於同志的不理解，或許會感覺你還可以被「改變」，也還未放下想要改變你的念頭，這些做父母的心理，或許你先設法去理解，不要著急苦惱，對於自己堅定的事，只要在心中堅持，就會產生堅持的力量，把期望降低，把彼此的關係當作是一個長期的「磨合」，先是告白，然後就是彼此的適應階段，父母期望你改變，你期望他們接受，這個階段，大家還在對立，容易起衝突。

建議你可以先把事情緩下來，在每週與父母的電話裡，多談談你的生活、你各種狀態，讓他們先對你放心，自小的疏遠，加上成年後的分隔兩地，本就造成隔閡，「出櫃」是你企圖修復關係的起點，不是終點，在這點上，你得比父母勇敢、堅定、溫和，且有耐心，畢竟你爭取的是你將來漫長的一生，是至關重大的人生決定，父母可以認同當然是美好的，若決心爭取父母認同，要且戰且走，可剛可柔，要有變通的方式，不要因為心理壓力而反應到情緒上，當你向父母「出櫃」的那刻起，要知道，你也將他們放進了一個「櫃子裡」，作為同志父母也是艱辛的，他們會慌張、焦慮、驚恐，會有很多擔憂，他們將來也得對親友「出櫃」，這些都會產生他們的焦慮。因為我們還處在一個對於同志相對不夠友善的大環境，做子女的我們，要反過來長期地「給予父母關於同志的教育」，尋找各種可能的機會耐心討論，當作這是一次又一次的溝通，父母若反應過激時，你就要鎮定下來，先暫緩溝通，等待父母有溝通意願的時候，再繼續討論。

當然，你依然可以堅持你的生活方式，有時我們可能是因為擔心心意被動搖，所以發怒。請定下心來，你已經長大成人，要繼續邁向更加成熟、獨立的道路，「出櫃」是成年的你返回原生家庭與父母進行關係修補的方式之一，不要有太高的預期心理，他們或許心中會一直有遺憾，你也會因為走上與大多數人不同的道路，而感到孤寂，但成熟本就是孤獨的開始，因為要脫離與父母緊密的連結，開始建立屬於自己的人生，會有很多困難，這些困難會讓你更理解自己，也能驗證你的決心。

我想，目前最好方式，就是慢下來，把對於父母的失望解消，在我看來他們已經表現得很善意了，先肯定其善意，比較容易消除對立，你也需經過一段對自己的「安撫期」，父母的不接納，會造成你心理上的傷痛，但你是必須肩負起來的那方，無論是失望、衝突、對立或者將來繼續溝通的為難，這些都是你要爭取過自己的人生，必須負起的代價，勇敢地擔負起來，將之視為作為更有能力去愛的人最初的挑戰，那就是「如何與所愛的人溝通」、「如何面對失落」、「如何承受親情的壓力而能堅持自己的道路」，不要將父母當作敵人，也不要將抱持著反對意見的人都當作「對立面」，這些人事物，不妨看做是來考驗我們的「關鍵」，這些責難、質疑會一次又一次讓我們面對自己，發覺心中真正想望。

你也已經做得很好了，再加油！等待下一次的溝通，讓心變得柔軟，理解他們的艱難，但不是因為理解而產生內心矛盾，甚至退縮想放棄，人可以因為理解而更有能力去等待、包容、寬諒，這些力量都有助於你在與父母溝通的過程裡，安定自己，有助於你的成長。

把人生過好，即使身為同志依然不屈不撓，不喪志、不虛無，活出自己的燦爛，終究會是最強而有力的證明。

隱私

你問我關於情人間的隱私，我想情人或伴侶之間對待「隱私」的看法未必相同，但有些基本共識可能是互通的，比如都知道不該在未經允許的狀況下察看對方的「手機」——內容包括LINE、簡訊、Facebook私訊、「日記」——無論是紙本或電子檔，「信件」——無論是明信片、電子郵件或書信。

有些戀人會忍不住想察看情人的臉書上給誰按了讚，跟誰加了朋友，一開始可能是基於關心，慢慢地就生出猜想，現在各種通訊方式的便利，使得人們對於「變心」或「曖昧」的可能性增加了，但在我來說，我想要維護情人的隱私的前提，是因為知道人必須擁有自己私密的空間，那些透過言語、文字、圖像甚至是回憶的方式構築的世界，可以豐富、護衛並且容納你所愛的人的心靈世界，人的生活無法只單純透過兩人的互動就得到全部的支援，我們應該支持，並且樂見情人擁有他的朋友、他讚賞的對象，他抒發情緒的空間，這些可以豐富他的生活，支持他的情感（對我們自己來說也是如此，只陷溺在兩人世界的愛情，無法得到充分的發展），如果因為自己的脆弱或私心還無法做到，也要體認到這點，並且努力去改善，並且至少要先知道自己無權干涉。愛使兩人結合，不意味著兩人所有都屬於對方。

許多的窺探起因於好奇、缺乏安全感，而一旦開始窺探，想像力又會開始作怪，使得這窺探變成無法遏止的「追蹤」，這些事看起來似乎是在給自己保障，以免「受騙」，擔心自己成為「最後一個知道的」，但我總覺得，要理解一個人，要衡量彼此的關係，無須透過這些「探查」，實際上這些探查是一種誤導，只會引導我們進入懷疑的迷宮，越陷越深。如果這個人真的無法使你信任，你該做的是去檢討無法信任的原因，不管是基於自己，或是因為對方，你們能做的，是如何重拾信任，而不是調查個「水落石出」。

你會問：「如果沒什麼不可告人，為什麼不能給我看？」但我甚至覺得，連這樣的問句，都是無理的，一個人無論在何種感情狀況，都應該擁有他的隱私，而那私密的盒子裡可以存放任何事物，即便是他過去的戀情、耿耿於懷的心事，甚至是暗地愛慕、敬佩、讚嘆的對象，因為那是屬於人最隱密的世界，像是一個夢，那是無須告人的，如果連在夢裡都不自由，如何能懂得自由地去愛。

在關係裡，人應該學習的是自我控制，而不是控制別人。

人們總以為愛情該是「情不自禁」，是「無法自拔」，但實際上愛情經常就是被我們種種「情不自禁」與無法自拔的作為破壞的，比如「嫉妒」、「占有」，與因此而來的「追蹤」、「偵察」、「窺探」、「查問」，人們以為那是因為「愛」，但我認為那是因為缺乏自信與安全感，而這兩樣，恰都是別人無法給你的。

無論是我的情人或伴侶，我都尊重他／她的隱私，這是我的基本原則。我可以接受他的「心」有任何我無法理解或接受的想法，因為那是他的「心」，我不能也不想控制，我無從也介入不了。心是人的聖地。心是自由的。

但我也可以理解讀者反應如此激烈是因為有人會拿「這是我的隱私」來做為擋箭牌，對於行蹤鬼祟、交往複雜，或行事神祕的藉口，然而，很抱歉，他說的是事實，「這是他的隱私」，他的手機、信箱、皮包、皮夾、行事曆都是他的隱私，這是即使做為情人、太太、伴侶都無法改變的事，我們進入關係，不是為了「稽查」，做為戀人，不是訓練來當「徵信社」，該問的是，為何我與這樣的人交往？我有沒有其他選擇？我這些偵察動作到底是為了查出什麼？為了證明他「確實」沒有與人亂來嗎？或者為了「杜絕」他與其他人的可能曖昧？為了「喝止」？「宣示主權」？或者僅僅是為了讓自己安心，如果對方願意讓我每天檢查手機、簡訊、臉書訊息，甚至追查手機通訊、GPS定位，我就可以安心地，確定他不會亂搞？然而這一切是為了什麼？如果是諜對諜的關係，很抱歉，所為道高一尺魔高一丈，有心要騙你，你抓不勝抓，只會讓自己陷入自己並不想要的「恐慌」情緒之中，貶低了做為情人的意義。如果只是為了讓自己安心，表示自己在這件事情上還有掌控權，這樣做的後果也只是讓彼此的關係陷入「互相操控」的局面，對愛情並不好。但倘若兩人可以就此溝通，隱私的部分是可以協調的，如果對方願意讓你看某些東西，基於雙方意願，那叫做「分享」。

我知道放手很難，因為人們總是不相信自己選擇的對象，或者不相信基於自由意願，人可以對他人誠實，人有能力為自己負責，但我仍相信，人有能力選擇，愛情是基於自由意願底下兩人的結合，凡事都要以自由為前提，所有以愛的名義行之的「操縱」、「監視」、「控制」，帶來的都是愛情的毀滅，即使，你因此得到了「安全感」，得到了暫時的平靜，得到了「管教」的成果，最終，這些事物會反過來傷害這份愛，至少也會傷害你對愛的信念。

我必須重申，對於無法信任的情人，對於一再欺瞞、沒有能力對他人誠實的人，除了伸手進入他的口袋檢查，除了真的啟動「全面偵察」機制，我們還有其他選擇，我們可以不在「罪證確鑿」的情況底下，主動放棄這段關係。也可以選擇知道無法取得告白，在這樣的前提下兩人一起協調下一步該怎麼走，能不能不走到最難堪的那一步，關係能否有進展？能否度過難關，或者要坦然地分離。

當我們陷入愛情裡，最可怕的部分莫過於它會顯露出所有我們隱藏的價值，會逼出我們還不願面對的自我，會看見自己都沒見識過的「黑暗」，包含「嫉妒」、「猜疑」、「占有」、「控制」，包含所有你原本不會去做的，但基於愛的理由，你卻改變了自己，比如變得瘋狂，誤以為對方一旦與我們相愛，就變成「我的」什麼什麼，這個「我的」，使得我可以將手伸進他的口袋、皮包、公事包、抽屜，甚至伸進他的腦袋裡，試圖控制一切。有時，使人悲傷的，就是愛情這種翻轉一切的力量，一旦開始啟動，人生整個走樣。

最終，戀人們想要的，或許也就是個安心而已吧，想要平安無虞地，知道自己擁有的，不會有人來搶、來分享，然而，這卻是即使你動用一切偵察也無法保障的。

愛不是保障，愛是兩個人基於自由意願的交往，相愛時盡力付出，到了必須分開那天，我們只需確認，自己已經盡了力，且沒有違背作為自己的原則，沒有為愛走樣，扭曲自己，至於獲得的、失去的、開心的、痛苦的，那都是愛的過程裡必經的，是愛的風險，在愛的開始（甚至之前）就該理解的，到最後但願也能無怨無悔地放手。

擔心

你問道，如果他總是不好好照顧自己的身體怎麼辦？總是熬夜？在黑暗裡玩手機？不運動？……

「別擔心，他是大人了。要像對待成人那樣對待他。」

我個性愛操煩，什麼都讓我擔心，從前不敢跟人太親密，因為知道自己一旦在乎對方，就是無止盡的「擔心地獄」，我不敢養寵物，因為連擔心貓的安危與健康，都能耗去我過多能量，我不敢養小孩，因為知道自己的擔心，會讓我變成自己最害怕的那種嘮叨母親。

但愛上還是愛上了，而且結了婚，自動變成養貓人。

同居早期我真的花了很長的時間處理自己的擔心，你簡直不知道這世上竟有那麼多事情讓你操煩，「幾點睡覺？」「要不要吃消夜？」「是否定時運動？」「睡前看書或看手機時光線夠不夠亮？」「天冷了要穿衣。」「下雨天要記得帶傘。」「不要老是光著腿睡覺。」……有生以來我對自己也沒那麼在乎，看見他喊著腿痠，就忙著找藥膏，連續兩天腿痠，就喊著要看醫生，對寵物這樣還可以理解，對另一個已經成年且明明生活能力比你還好的人，幹麼這麼操煩？

大概經過二十次的爭吵，以及對方一百次的「我自己會處理啊」、「你不要擔心我」的抗議，與五十次的「那我不管了」的賭氣，我是有一天突然赫然想起，對啊，我擔心不是因為我在乎，而是因為我無法處理自己與他人的親密關係，不知如何控制距離，因為我的不安。

有人在我身旁，我就變了個人。我不知如何表達愛與關心，不知如何與愛人維持大家都舒服的關係，於是就無止盡地操煩，我的擔心，並不意味著關心，甚至我的關心，也不意味著就是愛，更多時候，那顯現的只是我自己的焦慮，以及缺乏信心。

相信他，在沒有跟我們戀愛以前，他不是也已經好好地生活了幾十年了嗎？

相信他，他需要的不是你的管教，而是你的愛。

就是因為愛他才擔心他的啊，你抗議說。但仔細認真想想，倘若對方需要你緊迫盯人的擔心才有能力生活，倘若你沒有時時叮嚀他就會出錯，那麼是不是更應該協助他不依賴你，而你也不依賴這份擔心帶來的「照顧感」，慢慢地讓伴侶關係更平衡，更趨於對等。

面對自己的「擔心」，該詢問的不是對方為何不改，而是自己為何不放，層層撥開，可能會發現你原先沒想過的自我的問題，也會發現「彼此的問題」，我們擔心，並不是因為對方老是做些令人擔心的事，而是我們對於無力掌握，或陌生的處境，希望有控制感，對於生活上還不夠熟悉的對方，希望他也融入在自己習慣的領域，讓自己有安全感。如果對方按照我們的期望行事，生活好像會變得簡單易懂，容易駕馭。但人生並非直線地簡單。我們可能把應該用來關注自己的心，都拿來關注對方的瑣事了。

你說：「但是熬夜是不對的吧，吃太多鹹酥雞，愛吃甜食，不吃蔬菜水果，如果身體不好，以後要怎麼相處？他這麼糟蹋身體，就表示沒有替我著想。不愛護自己，怎麼愛護我？」「倘若真的病了，要協助他就醫，鼓勵他復健，醫生也囑咐不能熬夜，控制飲食，這又怎麼說？」

可以「邀請」不能「要求」，可以「詢問」，而不是「斥責」，我常想，首先是要理解，理解為什麼即使在這樣的處境裡，對方還是不願意遵照醫囑，還是不願意運動？我們不是醫生，而是伴侶，是戀人，是最應該能設身處地理解他「之所以不能」，他陷在何種困境中，而非一味的以對的來譴責他的錯。

如何過生活，每個人都是以自己的標準來判斷的，你可能忘了，每個人有權利選擇他的生活方式，即使在戀愛中也一樣。你能做的頂多是「提醒」，還有另一種你認為更為健康的生活方式，問他有沒有興趣試試看，詢問他為何選擇熬夜、吃零食與消夜，而且是不帶價值判斷地詢問，是為了更好地理解對方，而非為了改變他。

然而「理解」，意味著要拋棄成見，放棄自己原先已經設定好的標準，而是把心態開放地聆聽，當對方感受到你的不批判、不指責，甚至無成見，或許他就會告訴你那些連他自己都沒意識到的，所有作為背後的深意。然後兩個人再共同討論，基於這種處境，對方是否需要你幫忙叮嚀什麼，有什麼是你可以為他做的？他沒要求的，你不用多做。

我們要常問的是「有什麼需要幫忙的嗎？」而不是「你為什麼不怎樣怎樣？」

放掉自己的擔心，才有可能真正理解對方，互相理解的兩人，才有能力去面對生活裡的困境，分辨何者重要，何者需要改變，什麼是個人喜好，什麼是需要調整的。

放掉自己的擔心，日子都變得輕鬆了，不想著改變對方，而是放開眼光，真正去理解與自己不同的生活方式、價值觀，甚至去理解所有表象事物底下的深意，去發掘他的美好，而非緊盯著缺點不放，人們都需要知己，而不是一個教官，戀人們渴望的是愛人的關心，而不是老媽的嘮叨、老師的說教。

很奇妙地，戀人之間有感應，當你不再擔心了，不再事事操煩，什麼都要提醒，對方好像變得比較主動更願意對你說明自己，你焦慮的事物變少，關係的緊張也減少了，你放開企圖掌控的手，他就靠近來握你了。

就像我們自己渴望的那樣，一段美好的關係，關心而不擔心，協助而非干涉，似遠似近，一直相連著，那麼親愛，又如此自由。

信任

你說，剛結束一段長達八年的感情，非常痛苦與茫然，三十五歲的你，對未來感到迷惘，對愛情失去信心，「為什麼這麼久的感情，說變就變？那還有什麼可以信任？」你問我。

八年，可以讓一個小孩讀完小學，上了國一。可以讓一個青年讀完大學又念完研究所（順利的話），所以這麼長的時間應該能夠為我們帶來成長，但愛情是最微妙的人際關係，不保證一分耕耘一分收穫，因為愛情的特殊性質，它促使兩個毫無關係的人進入親密，甚至一起生活，而兩個人會發展出什麼關係，愛情如何生長，這沒有可以評量的標準，更不是單方面就可以決定。

隨著時間流逝，愛情未必更加厚實穩固，有時時間累積反而將愛磨損、消耗，甚至變得枯萎、凋敝。有些愛情關係，兩人成長不同步，因為環境、工作、人際、志向等等，逐漸各自走上分歧的路，越離越遠。另一種則是因為相處日久，逐漸進入慣性，慢慢消磨了愛情，即使形式上仍有情人關係，卻變得像是家人或室友，這時只要有一方想追求改變，關係就會生變。

愛情奇妙之處在於它並非總是線性地成長，會經歷暴衝、平緩、下滑，再拉升起來（或就此墜毀），充滿變化，與各種可能。身在戀愛中的人，都是把自己最私密、脆弱的部分呈現在對方面前，而人們對於愛情關係裡的對象，總是寄予太高的期望，附帶太多要求，如果對於作為愛人這一身分，缺乏愛的能力、愛的自覺，使得愛情呈現出忽高忽低，或者突然間一方提出「覺得不愛了」、「沒有愛的感覺了」、「愛上別人了」，當事人往往無法接受，覺得這是「說變就變」。

我不知道你所面對的是什麼樣的歷程，這八年裡到底發生了什麼的事，使得兩人必須走上分離。然而，愛過就是最好的經驗，並不是只有白頭偕老的愛情才有意義。記取其中美好的經驗，不要用結果來評斷一切，即使分離了，這份愛對生命也能產生重要的意義。

你還可以信任什麼呢？我說，信任是沒有條件的，信任也無關乎他人，純粹是由自身產生的一種感受，你信任不是因為「某某人某某事」值得信任，而是你有能力去信任，有能力信任的人，也有能力面對失去，不害怕背叛與謊言，不畏懼受傷，信任不是「盲目」地相信，而是有能力「無條件信任」，即使面對信任的人，還是要保持自己對於事物的判斷與選擇，做你有能力承擔的事，而非藉著「我都信任你啊」，將自己的選擇權與主動權都放棄，最後才回頭責怪：「都是他傷害我。」

愛情是沒有保證的，無法因為責任、壓力或者誓言得到永遠的保護，但有愛的能力的人，會知道諾言與誓言存在於說出口的瞬間，重要性也在於那一時刻的「真情」，當往後感情發生變化，我們也知道自己有能力因應那個變化，不會因此就讓生命翻覆，把所有一切取消。

未來本就是自己的責任，也只有自己能夠創造，感到痛苦、迷惘、受傷、恐懼，都是失戀後正常的反應，哭一哭，罵一罵，把心裡鬱積的情緒抒發出來，你知道這些都是情緒，過後你依然可以回到自己的軌道，尋覓新的生活。

八年的時間，或許無法換來一輩子的相守，也無法保證你就此平順幸福，然而，倘若這樣重大的失落都不能摧毀你，你一定也可以從這份失落中得到力量，使你變得堅強。

釋懷

你問我，受到了傷害如何才能「釋懷」。

什麼樣的事足以對人構成傷害？造成何種傷害？因果如何分辨？我想，你說自己受到傷害，感覺憤怒、悲傷、痛苦，甚至感到不潔，感覺自己好端端的生命被無故玷汙了，這些我都能理解，也都有其道理，然而，事情的前因後果，並非只有你在盛怒與悲傷底下的一種解釋，當你執著於傷害，那傷口就會不斷加深、擴大，甚至割裂了你原本沒有破損的部分，當你執著於猜想、妄想、可能還要再受到的傷，光是這樣的揣測，就是一種自我戕害。你問我，為什麼偏偏是你？為什麼他可以如此對待你？我想說，別人的舉動我們控制不了，至少，我們可以選擇離去。放下。可以走出他的生命。

釋懷，首先，你得放下才行。

感情上的變化，尤其當對方是變化那方，我們總會覺得自己清白無辜，受創甚深，使人受傷的，可能是信任感的破滅，歡樂的喪失，歸屬感被剝奪，但認真想來，那些本就不屬於我們，那都是戀愛時附加的感受，人都是自由、獨立的個體，戀愛時山盟海誓，當下才是真的，當某一方無法實現承諾，不能兌現誓言，當他還在關係裡就出走，當他做出你認為使你受辱、受傷的事，這些，幾乎也是愛情裡必然的風險，但是否因此就視為「一生無法抹滅傷害」、「慘遭惡意的對待」、「突然從愛我的人變成傷害我的人」，我認為我們時常誇大遭遇「背叛」時的痛苦，只有將自己的一生喜樂完全要求他人承擔，才有「被誤了一生」、「生命全毀」、「什麼都沒有了」的問題，人是獨立自主的個體，即使在熱戀中依然，即使兩人有了盟誓，甚至已經成為法律上的配偶或伴侶，人生仍然要各自負責，「愛」只是他人給予我們美好的禮物，得到應該珍惜，失去不可責怪，承諾，是對自己的，人並非因為承諾而相愛，自然也不能要求他人「依約」愛你。

愛情是兩人在自由意願底下、自願的結合，愛情裡的山盟海誓，是兩人在甜蜜時衝動說出的「情話」，最根本的價值在於當下發生的美好，那不是契約，也不是什麼保證，愛情無法給予人保證，所以當約定破滅，當誓言無法兌現，當有人不管因為什麼緣故「說謊」、「變心」、「喜歡他人」、「暗通款曲」，我們能做的不是抓姦，不是調查，不是控訴，不是指責，頂多是對他多了一層理解，對於所處的現實，有了不同的認識，對於自己的將來，對於兩人的關係，可以有新的決定。盡可能釐清使我們受傷的源頭，釐清使自己如此悲痛的原由，除了指責怨怪他人，除了夢想破碎，心碎神傷，還有沒有其他思考的方向，可以使我們減少傷害，可以使這樣的事件，不致見血。

夢醒了，覺悟了，或者暫時倒地了，沒辦法從痛苦裡恢復，也沒關係，去面對那份痛楚，靜靜地等待，設法從中找到解脫。不要去恨，真正使我們受苦的，不是由愛轉恨，而是認清自己痛苦的源頭，可能是來自於失落，來自於無法接受的「轉變」，來自於原本的依賴突然被解消了，來自於我們以為到手的、安全的幸福，被剝奪了，然而，正如人生無常，愛情也是無常的，這些歡聚悲散都是可能的遭遇，當初勇敢去愛，本來就包含了可能面臨失落的痛苦，快樂是你經歷的，痛苦也要自己勇敢承擔。

如何能釋懷，我想，首先要接受吧，接受現實經常不能如人所願，接受生命裡所有可能出現的挫折、失敗，接受愛情本就不是努力就會有收穫，接受曾經擁有過的美好不能取消，已經面臨的傷心也要勇於承擔，接受人並不完美，接受其他人可能對你造成的影響，並設法讓自己降低這份影響，接受發現自己的「依賴」、「軟弱」、「黑暗」、「易碎」，而從中獲得堅強的方法。痛苦是自己的，只有自己可以解消。

接受已經發生的事實，不再期待「一切都不曾發生」，也不勉強他人改變，要從這事件裡跳脫，需要更遼闊的視野。

你的人生將不僅於此，不會永遠活在痛苦的此刻，這些目前你視為悲慘的遭遇，來日可能會是你重要的經驗，別人的作為我們無法決定，可以決定的只有自己的選擇。

然後，當你活得越開闊，當你能夠更豐富、不自憐、不自溺，不以受害者自居，而是將一次打擊作為審視自己重要的依據，重建自己，或許你不需要釋懷，你已經活得比「那件事」更廣大了，你比你自己當初設想的更強壯，更自信，有能力從他人的謊言、欺瞞、自私的作為裡找到「我」依然是自己、這是誰也無法損傷的，這樣的力量。

愛的傷害，即是愛的成長，你感覺自己正在地獄裡，但請相信你可以走過地獄，無論多麼痛苦，都不要放棄對自己的信念，不讓悲傷混淆，不隨憤怒起舞，不躲進虛弱裡，找到求生的方式，重新站起來，這將是你可以為自己做的，最好的一件事。

文學叢書 487

我們都是千瘡百孔的戀人

作　　者　陳　雪
總 編 輯　初安民
責任編輯　陳健瑜
美術編輯　聶永真
校　　對　吳美滿　陳健瑜　陳　雪

發 行 人　張書銘
出　　版　INK印刻文學生活雜誌出版有限公司
新北市中和區建一路249號8樓
電話：02-22281626
傳真：02-22281598
e-mail：ink.book@msa.hinet.net
網　　址　舒讀網http://www.sudu.cc

法律顧問　巨鼎博達法律事務所
施竣中律師
總 代 理　成陽出版股份有限公司
電話：03-3589000（代表號）
傳真：03-3556521
郵政劃撥　19000691　成陽出版股份有限公司
印　　刷　海王印刷事業股份有限公司

港澳總經銷　泛華發行代理有限公司
地　　址　香港新界將軍澳工業邨駿昌街7號2樓
電　　話　852-27982220
傳　　真　852-27965471
網　　址　www.gccd.com.hk

出版日期　2016年 5 月　初版
2016年 8 月 20 日　初版七刷
ISBN　978-986-387-095-1
定價　320元

國家圖書館出版品預行編目資料

我們都是千瘡百孔的戀人
／陳雪著；－－初版，
－－新北市中和區：INK印刻文學，2016. 05
面；公分. --（文學叢書；487）
ISBN 978-986-387-095-1（平裝）
1.戀愛 2.文集
544.3707　105005672